WISSENSCHAFTLICHE BEITRÄGE
AUS DEM TECTUM VERLAG

Reihe Pädagogik

WISSENSCHAFTLICHE BEITRÄGE AUS DEM TECTUM VERLAG

Reihe Pädagogik

Band 30

Stanley Lauer

Mehr Chancen für die Väter

Wie die Gesellschaft Vätern mit geistig behinderten Kindern helfen kann

Tectum Verlag

Stanley Lauer

Mehr Chancen für die Väter. Wie die Gesellschaft Vätern mit geistig behinderten Kindern helfen kann
Wissenschaftliche Beiträge aus dem Tectum Verlag:
Reihe: Pädagogik; Bd. 30

ISBN: 978-3-8288-2902-2

ISSN: 1861-7638

Umschlagabbildung: © m/ias, photocase.de

Printed in Germany

Besuchen Sie uns im Internet
www.tectum-verlag.de

Bibliografische Informationen der Deutschen Nationalbibliothek
Die Deutsche Nationalbibliothek verzeichnet diese Publikation in der Deutschen Nationalbibliografie; detaillierte bibliografische Angaben sind im Internet über http://dnb.ddb.de abrufbar.

Gliederung

Vorwort

Das Interesse am Thema meiner Diplomarbeit entwickelte sich im Laufe meiner praktischen Tätigkeit im Bereich der Behindertenarbeit. Dabei ist mir immer wieder aufgefallen, dass viele Väter sich der erzieherischen Verantwortung für ihr geistig behindertes Kind entziehen. Des Weiteren hatte ich die Möglichkeit, mich mit pädagogischen Mitarbeiterinnen und Mitarbeitern über die Bedeutung der Zusammenarbeit mit Vätern auszutauschen. Im Rahmen vielfältiger Diskussionen kristallisierte sich heraus, dass die Zusammenarbeit mit Familien, die ein geistig behindertes Kind haben, positiver zu gestalten wäre, wenn es gelänge, Väter intensiver und vielseitiger in ihre familiären Verantwortlichkeiten einzubinden. Die theoretischen Hintergründe und die praktischen Zusammenhänge zwischen den Anforderungen, die ein geistig behindertes Kind mit sich bringt, und den Bedingungen, unter denen Väter in unserer Gesellschaft ihre Aufgaben wahrnehmen möchten, beschäftigen mich schon längere Zeit.

1 Einleitung

Die vorliegende Diplomarbeit wird zunächst auf den Begriff „geistige Behinderung“ eingehen. Zu Beginn geht es um eine kurze Darstellung des Verständnisses von geistiger Behinderung in der neueren Fachliteratur. Daran schließen sich Ausführungen zu Ursachen und Formen sowie zur Häufigkeit geistiger Behinderung an.

Das nächste Kapitel befasst sich mit der Situation, in die Familien durch die Geburt eines geistig behinderten Kindes kommen. Ein wichtiger Aspekt ist dabei auch die Art der Krisenverarbeitung.

Ein zentrales Kapitel schließt sich an: Der Prozess der Auseinandersetzung bei Vätern mit der geistigen Behinderung ihres Kindes. Dabei geht es um Bereiche wie Sozialisation von Jungen und Mädchen, das Männerbild in der Gesellschaft, Copingverhalten, Väter zwischen Berufs- und Elternrolle sowie Väter in der Partnerschaft und ihrem Verhältnis in ihrer Umwelt.

Danach folgen Ausführungen zur Zusammenarbeit von pädagogischen Mitarbeitern und Vätern geistig behinderter Kinder.

Nach diesen mehr theoretischen Überlegungen geht es um die Einbeziehung der mit zehn Vätern geistig behinderter Kinder und zehn pädagogischen Fachkräften durchgeführten Interviews. Nach der methodischen Erläuterung der Interviewtechnik und der Auswertungstechnik wird das dafür angewandte Kategoriesystem der qualitativen Inhaltsanalyse dargestellt. Es folgt eine Beschreibung der Interviewteilnehmerschaft.

Daran anschließend werden die Untersuchungsergebnisse zusammengetragen und erläutert.

Das Kapitel Schlussfolgerung schließlich gibt Ausblicke darüber, wie die angetroffene Situation von Vätern geistig behinderter Kinder durch Unterstützung seitens pädagogischer Fachkräfte verbessert werden könnte und sollte.

2 Geistige Behinderung

In diesem einführenden Kapitel soll der Begriff „geistige Behinderung" dargelegt werden. Dabei geht es um die Ursachen, Formen und Häufigkeit von geistiger Behinderung.

Der Begriff „geistige Behinderung" wurde in Deutschland erst 1958 durch die Gründung der Elternvereinigung „Lebenshilfe für geistig Behinderte" bekannt. Aber es ist davon auszugehen, dass er schon früher verwendet worden ist, so zum Beispiel von dem Hilfsschulrektor M. Breitbarth aus Halle a. d. Saale, der im Jahre 1926 auf dem „XI. Verbandstag der Hilfsschulen Deutschlands zu München" von „geistig Behinderten" sprach, um diese von den „körperlich Geschädigten" zu unterscheiden.[1]

2.1 Definition

Einleitend stellt sich die Frage, was „geistige Behinderung" ist. Eine allgemeingültige Definition von „geistiger Behinderung" gibt es bisher nicht. Das Wort „geistige Behinderung" wird von verschiedenen Wissenschaftlern unterschiedlich gesehen. Dennoch versuchen viele medizinische, psychologische, soziologische und pädagogische Fachleute immer wieder, zu einem allgemeingültigen Verständnis des Begriffs „geistige Behinderung" zu gelangen.[2] Speck hat problematisiert, ob es nicht eine Anmaßung sei, andere Menschen als eine Kategorie von Andersartigen zu begreifen, und formuliert sein Verständnis von „geistiger Behinderung" wie folgt: „Es gibt nicht die geistige Behinderung und auch kein einheitliches Bild von ihr. Die Heterogenität dessen, was man unter geistiger Behinderung versteht, kann sehr groß sein. Abgesehen von der kausalen Bedingtheit gibt es z. B. Menschen mit einer geistigen Behinderung, die als solche kaum auffallen, und solche, denen ihre Behinderung auch optisch anzumerken ist."[3]

Im Sinne von Speck ist unter geistiger Behinderung eine Erscheinungsform oder Eigenart des Menschlichen zu verstehen, bei der lebenslang ein erheblicher Rückstand der mentalen (intellektuellen) Entwicklung zu beobachten ist, der sich in aller Regel in entsprechend wirkenden Verhaltensweisen und in vergleichsweise erheblich herabgesetzten Lernleistungen auf schulischem,

---

1 Vgl.: Speck, Otto: Menschen mit geistiger Behinderung. Ein Lehrbuch zur Erziehung und Bildung, S. 43, 2005

2 Vgl.: Speck, Otto: Menschen mit geistiger Behinderung. Ein Lehrbuch zur Erziehung und Bildung, S. 53, 2005

3 Zit.: Speck, Otto: Menschen mit geistiger Behinderung. Ein Lehrbuch zur Erziehung und Bildung, S. 49, 2005

sprachlichem und sozialem Gebiet manifestiert, so dass der Mensch bei seiner eigenen Lebensführung in wesentlichem Maße auf Hilfe angewiesen ist.[4]

2.2 Ursachen und Formen

Ursachen und Formen von „geistiger Behinderung" sollen Thema dieses Abschnittes sein. Sie sollen zunächst aus medizinischer Sicht betrachtet werden. Danach sollen psychologische, soziologische sowie pädagogische Aspekte mit einfließen.

Gründe für eine „geistige Behinderung", aus medizinischer Sicht betrachtet, sind vielfältig und verwirrend. Aber von zentraler Bedeutung ist die Schädigung des Gehirns. Diese kann die verschiedensten psycho physischen Funktionen und Fähigkeiten außer Kraft setzen.[5] Des Weiteren gibt es die genetische, d. h. erblich bedingte geistige Behinderung, die einst als sehr gefährlich eingestuft wurde, die aber als Ursache nur in sehr geringem Maße in Betracht kommt. Zerbin-Rüdin nimmt an, dass nur etwa 5-7 % der auftretenden geistigen Behinderungen erbbedingt sind.[6] Außerdem werden als Ursachen für eine „geistige Behinderung" genannt:

pränatal entstandene Formen wie:

- Fehlentwicklung des Nervensystems
- Genmutationen, die vor allem zu Stoffwechselstörungen (Metabolismus) führen können
- Fehlbildungs-Retardierungssyndrome, bezogen auf das Körperwachstum, auf Körperformen und Neigungen zu bestimmen Krankheiten
- Fehlbildungen des Nervensystems wie vor allem Makrozephalie und Mikrozephalie (vergrößerter bzw. verringerter Kopfumfang)
- Chromosomenanomalien, wie z. B. die Trisomien, von denen das Downsyndrom als Trisomie 21 am häufigsten anzutreffen ist (1:600-900 Neugeborene)
- pränatale Entwicklungsstörungen, bedingt durch Infektionen (z. B. Virus-Infektionen), chemische Einwirkungen (Alkohol, Medikamente) und Strahlen- bzw. sonstige Umweltbelastungen

sowie perinatal entstandene Formen wie:

- Frühgeburten
- Sauerstoffmangel

---

4 Vgl.: Speck, Otto: Menschen mit geistiger Behinderung. Ein Lehrbuch zur Erziehung und Bildung, S. 46, 2005

5 Vgl.: Speck, Otto: Menschen mit geistiger Behinderung. Ein Lehrbuch zur Erziehung und Bildung, S. 53, 2005

6 Vgl.: Speck, Otto: Menschen mit geistiger Behinderung. Ein Lehrbuch zur Erziehung und Bildung, S. 54, 2005

und schließlich postnatal entstandene Formen wie:

- Erkrankungen des Neugeborenen, z. B. Hirnhautentzündung oder die Auswirkungen von Blutgruppenunverträglichkeit

Eine „geistige Behinderung" aus der Sicht von Psychologen ist auf Minderung der Intelligenz zurückzuführen. „Auch nach der neuen ‚Internationalen Klassifikation psychischer Störungen' (WHO 2000, ICD-10 Kapitel V (F)) wird die geistige Behinderung als ‚Intelligenzminderung' bzw. ‚Oligophrenie' (=‚Schwachsinn') geführt."[7] Gardner ist an dieser Stelle anderer Auffassung und legt stattdessen eine Theorie der multiplen Intelligenzen vor. Darin erklärt er, dass verschiedene Wissenschaften wie die Neurobiologie oder die Ethnologie Indizien zusammentragen, die für die Existenz mehrerer relativ autonomer Intelligenzen sprechen. In dieser Theorie werden folgende Intelligenzen genannt:

- eine linguistische Intelligenz,
- eine musikalische Intelligenz,
- eine logische, mathematische Intelligenz,
- eine räumliche Intelligenz,
- eine körperliche, kinästhetische Intelligenz und
- zwei personale Intelligenzen als
  - intrapersonales Wissen (um sich selbst) und als
  - interpersonales Wissen (um den anderen).[8]

Die Theorie stützt sich auf Beobachtungen an retardierten und autistischen Kindern, bei denen immer wieder auffallende Teilintelligenzen festgestellt worden sind.

Der im Folgenden zu behandelnde soziologische Aspekt der geistigen Behinderung wird am Verhältnis von Sozialschicht und geistiger Behinderung verdeutlicht. Dabei geht es um die Frage des Auftretens und der Verbreitung der geistigen Behinderung. Autoren bestätigen durch Studien, dass die geistige Behinderung zwar in allen Schichten auftritt, aber die größere Verbreitung eher in unteren Schichten festzustellen ist.[9] In diesen haben Familien mit schwierigen Konditionen wie häufigeren Geburtskomplikationen (ärztliche Versorgung, Geburtsgewicht oder Frühsterblichkeit) zu kämpfen.[10] Des Weiteren geht es aus soziologischer Sicht darum, die Systeme und die Qualität

---

7 Zit.: Speck, Otto: Menschen mit geistiger Behinderung. Ein Lehrbuch zur Erziehung und Bildung, S. 56, 2005

8 Vgl.: Speck, Otto: Menschen mit geistiger Behinderung. Ein Lehrbuch zur Erziehung und Bildung, S. 60, 2005

9 Vgl.: Speck, Otto: Menschen mit geistiger Behinderung. Ein Lehrbuch zur Erziehung und Bildung, S. 62, 2005

10 Vgl.: Speck, Otto: Menschen mit geistiger Behinderung. Ein Lehrbuch zur Erziehung und Bildung, S. 63, 2005

sozialer Hilfen, die Einstellungen der Umwelt sowie die familiäre Situation geistig behinderter Menschen zu fördern, also zu gewährleisten, dass geistig behinderte Kinder in die Gesellschaft integriert werden. Die Pädagogik sieht ihre Aufgabe darin, trotz Behinderung der einzelnen Individuen, eine adäquate Lernumgebung zuschaffen, damit sie ihre Lernmöglichkeiten voll ausschöpfen können.

2.3 Häufigkeit

Nach vorsichtigen Schätzungen lebt in knapp 3 % aller Mehrpersonenhaushalte in der Bundesrepublik ein geistig behindertes Kind. Davon sind 2,6 % leicht, 0,3 % mäßig und 0,1 % schwer behindert. Ein Großteil der Schwerbehinderten bleibt noch bis ins hohe Erwachsenalter in den Herkunftsfamilien; es sind in den letzten 40 Jahren vielfältige therapeutische, pädagogische und soziale Hilfen zur Unterstützung von Familien aufgebaut worden.[11]

In der Bundesrepublik gibt es mindestens 80 000 geistig behinderte Kinder, Jugendliche und Erwachsene. Schätzungsweise werden jährlich 16 000 bis 18 000 Kinder geboren, die entweder von Geburt an geistig behindert sind oder im Laufe ihres Lebens geistig behindert werden. Dies sind 0,5 bis 0,7 % aller Kinder und Jugendlichen im schulpflichtigen Alter. Unter geistig behinderten Kindern finden sich mehr Jungen als Mädchen.[12]

2.4 Kurze Zusammenfassung

Trotz aller Bemühungen von Wissenschaftlern gibt es bislang kein gemeinsames Verständnis von „geistiger Behinderung". Speck hat problematisiert, dass Menschen nicht in Kategorien von Andersartigen eingestuft werden dürfen.

Es gibt kein einheitliches Bild von „geistiger Behinderung". Manchen Menschen ist es optisch anzumerken und anderen nicht, dass sie eine geistige Behinderung haben.

---

11 Vgl.: Thimm, Walter; Wachtel, Grit: Familien mit behinderten Kindern. Wege der Unterstützung und Impulse zur Weiterentwicklung regionaler Hilfesysteme, S. 11, 2002

12 Vgl.: Hinze, Dieter: Väter und Mütter behinderter Kinder. Der Prozeß der Auseinandersetzung im Vergleich, S. 17, 1999

3 Die Situation von Familien mit geistig behinderten Kindern

Thema des folgenden Kapitels ist die Lebenssituation von Familien mit behinderten Kindern. Zum einen geht es dabei um die Besonderheit der Geburt eines geistig behinderten Kindes für seine Eltern. Außerdem ist wichtig, welche Bedeutung ein geistig behindertes Kind für seine Familie hat. Daran schließen sich noch Ausführungen an, wie sich Familien mit der einschneidenden Situation der geistigen Behinderung ihres Kindes auseinandersetzen.

3.1 Die Geburt eines geistig behinderten Kindes

Werden Familien, insbesondere Eltern, mit der Nachricht der Behinderung ihres Kindes konfrontiert, so stürzen sie zunächst in eine psychische Krise. „Am Anfang unserer eigenen Lebensgeschichte stehen natürlich, wie bei allen anderen auch, Vorstellungen, in denen das Phänomen ‚Behinderung' nicht vorkommt. Da sind einem die ganz ‚normalen' Bedürfnisse und Träume wie harmonisches Familienleben, ein sorgenfreies Leben, die richtige Partnerschaft, eigenes Haus oder günstige Wohnung, Kinder und Beruf wichtig. Ein Geschäft aufbauen, die Welt beispielsweise im Flair der diplomatischen Szene zu erleben, mit viel Verantwortung in einer ärztlichen Praxis sinnvoll tätig zu sein oder sich mit viel Ideen der Kindererziehung statt der Kinderpflege zu widmen, das sind so unsere Antriebe für das eigene Leben gewesen. Behinderte Kinder kamen uns da überhaupt nicht in den Sinn. Um so einschneidender sind darum die ersten Erlebnisse und Erfahrungen, wenn das eigene Kind so gar nicht in diese Lebensplanung zu passen scheint."[13]

Neben diesen genannten seelischen Belastungen, denen Eltern ausgesetzt sind, müssen sie teilweise noch monatelang auf die Mitteilung der endgültigen Diagnose der Behinderung warten. Manchmal kommt es vor, dass die diagnostizierten Behinderungsarten noch unerforscht sind. Dann müssen weitere Untersuchungen folgen, um adäquate Informationen über die vorliegende Behinderung zu erhalten. „So kam es, dass sie mit drei Monaten in der Deutschen Klinik für Diagnostik vorgestellt wurde, um herauszufinden, was sie eigentlich hat. Die nächsten acht Monate sind wir von Arzttermin zu Arzttermin gelaufen, bis wir die Diagnose kurz vor Katharinas erstem Geburtstag hatten."[14]

---

13 Zit.: Eckert, Andreas: Eltern behinderter Kinder und Fachleute. Erfahrungen, Bedürfnisse und Chancen, S. 35, 2002

14 Zit.: Carda-Döring, Claudia u. a.: Berührt – Alltagsgeschichten von Familien mit behinderten Kindern, S. 21, 2006

Des Weiteren geschieht es gelegentlich sogar, dass Fachleute Eltern absichtlich Befunde vorenthalten oder sie verharmlosen.[15] Es ist anzunehmen, dass dies geschieht, um Eltern vor Schmerz, Leid, Kummer etc. zu schonen. Vor diesem Hintergrund werden jedoch Möglichkeiten sinnvoller früher Hilfen für Eltern und Kind verhindert.[16] Deshalb fordert Hinze von Fachleuten, Eltern zu vertrauen. Durch das tagtägliche Zusammenleben mit ihrem Kind entwickeln sie vielseitige Fähigkeiten und Fertigkeiten und verfügen über Erfahrungen, die die Fachleute veranlassen sollten, sie als kompetente Gesprächspartner anzusehen.[17]

3.2 Was bedeutet ein geistig behindertes Kind für Familien?

Die Mitteilung über die Behinderung ihres Kindes fordert von den Eltern, ihr bisheriges Lebensverständnis und ihre bisherige Lebensplanung zu überdenken. Inwieweit sich Veränderungen entwickeln, hängt ab von Faktoren wie Art und Schwere der Behinderung, damit verbundenen Betreuungs- und Pflegebedürfnissen, der beruflichen Situation der Eltern, dem Zeitpunkt der ersten Konfrontation mit der Behinderung (z. B. unmittelbar nach der Geburt), den Möglichkeiten außerfamiliärer Kinderbetreuung etc.[18] Darüber hinaus begegnen Eltern in ihrem Umfeld oft Auffassungen, dass das Leben ihres behinderten Kindes unnötig sei und sie sich einem solchen Lebensschicksal leicht entziehen könnten.[19]

Des Weiteren bleibt Eltern nicht erspart, unzählige Behördengänge zu tätigen, um ihr Recht auf Hilfen geltend zu machen, weil das System der Behindertenhilfe mit den unterschiedlichsten Anspruchsberechtigungen an verschiedene rechtliche Bestimmungen gekoppelt und meist schwer überschaubar ist.[20]

Gegenstand der bisherigen Ausführungen war der äußere Rahmen, in den Eltern eingebettet sind und innerhalb dessen sie agieren müssen. Im Folgen-

---

15 Vgl.: Eckert, Andreas: Eltern behinderter Kinder und Fachleute. Erfahrungen, Bedürfnisse und Chancen, S. 37, 2002

16 Vgl.: Verband Alleinerziehender Mütter und Väter Landesverband NRW e. V.: Alleinerziehende Mütter und Väter mit behinderten Kindern, S. 3, 1997

17 Vgl.: Hinze, Dieter: Ihr Kind ist behindert - wie sage ich es den Eltern. In: http://www.ricardas-homepage.de/Dorothee/Artikel/fachartikel/13.htm vom 12.08.06

18 Vgl.: Eckert, Andreas: Eltern behinderter Kinder und Fachleute. Erfahrungen, Bedürfnisse und Chancen, S. 35, 2002

19 Vgl.: Wilken, Udo; Jeltsch- Schudel, Barbara: Eltern behinderter Kinder. Empowerment - Kooperation - Beratung, S. 32, 2003

20 Vgl.: Thimm, Walter; Wachtel, Grit: Familien mit behinderten Kindern. Wege der Unterstützung und Impulse zur Weiterentwicklung regionaler Hilfesysteme, S. 12, 2002

den soll nun noch die innerfamiliäre Situation beleuchtet werden. Zunächst wird die Rolle von Müttern behinderter Kinder innerhalb der Familie dargelegt. Zur Situation von Müttern wurden schon zahlreiche Abhandlungen verfasst.[21] Im Zuge der Auseinandersetzung mit der Gleichberechtigung von Frauen mussten Frauen behinderter Kinder gegenüber Frauen, deren Kindern nicht behindert sind, feststellen, dass sie doppelt benachteiligt sind. Denn sie haben nicht nur als Mütter schlechte Chancen, einer Berufstätigkeit nachzugehen und nach der Erziehungszeit den Wiedereinstieg in die Arbeitswelt zu schaffen. Ihre Aufgabe, Mutter zu sein, endet praktisch nie. Sie müssen immer wieder ihre eigenen Bedürfnisse hintanstellen und verlieren so einen großen Teil ihrer Autonomie. Außerdem stellen sie meist immer die Interessen ihres behinderten Kindes in den Vordergrund, auch wenn es längst erwachsen ist. Eltern nichtbehinderter Kinder hingegen gewinnen mehr Zeit für sich selbst und ihre Partnerschaft.[22] Dieser Zustand wurde zweifellos durch viele unterschiedliche Einflüsse hervorgerufen. Fachleute wie Pädagogen, Psychologen und Therapeuten haben lange Zeit die Förderung ihres Kindes als Hauptaufgabe von Müttern behinderter Kinder gesehen.[23]

Der psychosozialen Situation von Vätern behinderter Kinder ist bisher wenig Interesse entgegengebracht worden.[24] Demzufolge lässt es sich kein eindeutiges Bild zeichnen. In Kapitel 4 soll jedoch näher auf das Thema der Auseinandersetzung von Vätern geistig behinderter Kinder eingegangen werden. Obwohl wenig über ihre psychosoziale Situation bekannt ist, können dennoch Aussagen über die Paar- bzw. Elternbeziehung gemacht werden. Fest steht, dass kein linearer Zusammenhang zwischen der Behinderung des Kindes und der Destabilisierung der Ehe gegeben ist.[25] Es ist aber anzumerken,

---

21 Vgl.: Müller-Zurek, Christiane: Die Situation von Familien mit behinderten Kindern aus Elternperspektive. In: http://www.familienhandbuch.de vom 09.08.06

22 Vgl.: Seifert, Monika: Was bedeutet ein geistig behindertes Kind für die Familie? In: http://www.ricardas-homepage.de/Dorothee/Artikel/Fachartikel/9.htm vom 12.08.06

23 Vgl.: Seifert, Monika: Was bedeutet ein geistig behindertes Kind für die Familie? In: http://www.ricardas-homepage.de/Dorothee/Artikel/Fachartikel/9.htm vom 12.08.06

24 Vgl.: Seifert, Monika: Was bedeutet ein geistig behindertes Kind für die Familie? In: http://www.ricardas-homepage.de/Dorothee/Artikel/Fachartikel/9.htm vom 12.08.06

25 Vgl.: Eckert, Andreas: Eltern behinderter Kinder und Fachleute. Erfahrungen, Bedürfnisse und Chancen, S. 44, 2002

dass ein behindertes Kind für die Beziehung seiner Eltern sowohl eine Herausforderung als auch eine Bedrohung darstellen kann.[26]

Die Zugehörigkeit eines geistig behinderten Kindes zur Familie bringt immer besondere Auswirkungen auf die familiäre Situation seiner Geschwisterkinder mit sich. Eine Untersuchung, die Seifert mit erwachsenen Geschwistern über ihre Erfahrungen geführt hat, zeigte ein ambivalentes Verhalten. Manche haben ihre Erfahrungen gut verarbeitet, andere wiederum brauchen ihr Leben lang, um damit zurechtzukommen.[27] Dagegen ist Eckert der Meinung, dass zwar die Situation von Geschwistern behinderter Kinder durch zu beachtende Besonderheiten gekennzeichnet ist, die Geschwisterkinder in ihrer Entwicklung jedoch „nicht mehr oder weniger Verhaltensstörungen als andere Kinder, sondern eine Vielfalt von Verarbeitungsformen" zeigen.[28]

3.3 Die Krisenverarbeitung

Wie bereits im vorangegangenen Abschnitt vorgetragen, sind Familien mit behinderten Kinder - dies gilt insbesondere für die Eltern - besonderen Belastungen ausgesetzt. Dies bewirkt oder verlangt Veränderungen innerhalb oder außerhalb des Familiengefüges. Es gilt zu hinterfragen, wie Eltern diese einschneidenden Erlebnisse verarbeiten. Seifert meint hierzu, dass der Prozess der Verarbeitung einen typischen Verlauf nimmt, der sich in Phasen einteilen lässt.[29]

Zunächst werden Eltern von einer Ungewissheit, dass mit ihrem Kind etwas nicht stimmt, belastet. Es folgt danach die Phase der Auseinandersetzung mit der Gewissheit, dass ihr Kind eine Behinderung hat. Es schließt sich die Phase der Aggression an („Warum gerade wir?"). Nach der Phase der Verhandlung („Gibt es wirklich keine Heilung?") folgt die Phase der Depression („Alles ist sinnlos"). Als Ergebnis dieser verschiedenen durchlaufenen Phasen folgt die Annahme der Behinderung, was Aktivität und Solidarität auslöst.[30]

---

26 Vgl.: Die besonderen Bedingungen und Belastungen der Paarbeziehung der Eltern behinderter Kinder. In: http://www.ricardas-homepage.de/Dorothee/Diplom/Rahab/Kapitel%202/2-2-1.htm vom 12.08.06

27 Vgl.: Seifert, Monika: Was bedeutet ein geistig behindertes Kind für die Familie? In: http://www.ricardas-homepage.de/Dorothee/Artikel/Fachartikel/9.htm vom 12.08.06

28 Vgl.: Eckert, Andreas: Eltern behinderter Kinder und Fachleute. Erfahrungen, Bedürfnisse und Chancen, S. 47, 2002

29 Vgl.: Seifert, Monika: Was bedeutet ein geistig behindertes Kind für die Familie? In: http://www.ricardas-homepage.de/Dorothee/Artikel/Fachartikel/9.htm vom 12.08.06

30 Vgl.: Seifert, Monika: Was bedeutet ein geistig behindertes Kind für die Familie? In: http://www.ricardas-homepage.de/Dorothee/Artikel/Fachartikel/9.htm vom 12.08.06

Es ist kritisch anzumerken, dass nicht alle Betroffenen diesen Prozess in gleicher Weise durchlaufen. Manche können die Situation besser verarbeiten und erreichen somit die höchste Stufe, andere wiederum schaffen das nicht so gut und verharren in einer der frühen Phasen. Wie der Prozess der Krisenverarbeitung verläuft, hängt nach Meinung von Seifert davon ab, ob die Betroffenen in ihrem Umfeld Integration erfahren.[31]

Daran anknüpfend wird der Frage nach den unterschiedlichen Copingstrategien von Müttern und Vätern behinderter Kinder nachgegangen. Sowohl Mütter als auch Väter strahlen eine starke Betroffenheit aus hinsichtlich der Behinderung ihres Kindes. Es wird aber die Position vertreten, dass Mütter die besseren Verarbeitungsmöglichkeiten haben.[32] Bedingt durch den ständigen Kontakt pflegen sie eine intensivere Beziehung zu ihrem Kind als die Väter. Folglich können sie die Entwicklungsfortschritte ihres Kindes differenzierter wahrnehmen, sie sind mit der Behinderung ihres Kindes stärker konfrontiert und lernen es besser kennen. Gleichzeitig besteht für Mütter aber die Gefahr, dass sie sich überanstrengen und eher Schuldgefühle haben als Väter. Des Weiteren haben Frauen leichter die Gelegenheit, andere Frauen zu treffen, ihre Gefühle mitzuteilen, zu weinen, um Hilfe zu bitten, ihre Verletzlichkeit zu zeigen.[33] Dagegen fällt es Vätern schwerer, über ihre verletzten Gefühle zu reden, denn sie glauben, dass sie sich nicht hängen lassen dürfen und ihre Partnerinnen sie stark sehen wollen.

---

31 Vgl.: Seifert, Monika: Was bedeutet ein geistig behindertes Kind für die Familie? In: http://www.ricardas-homepage.de/Dorothee/Artikel/Fachartikel/9.htm vom 12.08.06

32 Vgl.: Unterschiedliche Bewältigungsformen von Müttern und Vätern behinderter Kinder. In: http://www.ricardas-homepage.de/Dorothee/Diplom/Rahab/Kapitel%202/2-1-2.htm vom 12.08.06

33 Vgl.: Miller, Nancy: Mein Kind ist fast ganz normal. Leben mit einem behinderten oder verhaltensauffälligen Kind: Wie Familien gemeinsam den Alltag meistern lernen, S. 160, 1997

3.4 Kurze Zusammenfassung

Werden Eltern bzw. Familien mit der Nachricht konfrontiert, dass ihr Kind geistig behindert ist, so stürzen sie in eine innerpsychische Krise. Dieses einschneidende Ereignis fordert von Eltern, ihre bisherige Lebensplanung, ihr Lebensverständnis und ihre bisherigen Vorstellungen zu überdenken.

Mütter und Väter haben hinsichtlich dieser schwierigen Situation unterschiedliche Bewältigungsstrategien. Während Mütter einen engeren Kontakt zum Kind aufbauen, ziehen sich Väter zurück. Der Verarbeitungsprozess von Müttern wird dadurch beschleunigt. Sie können Fortschritte sowie Rückschläge ihres Kindes besser wahrnehmen. Außerdem hat es eine Mutter leichter, andere Frauen zu treffen, ihre Gefühle mitzuteilen, zu weinen, um Hilfe zu bitten, ihre Verletzlichkeit zu zeigen.

Für Väter ist die Situation aufgrund gesellschaftlicher Vorstellungen, Erwartungen und Normen schwieriger, weil von ihnen als Mann erwartet wird, dass sie ihre Emotionen besser in den Griff zu bekommen verstehen.

4 Der Prozess der Auseinandersetzung bei Vätern mit der geistigen Behinderung ihres Kindes

Um untersuchen zu können, wie der Prozess der Auseinandersetzung bei Vätern vonstatten geht, muss zunächst die männliche Sozialisation analysiert werden. Des Weiteren stellt sich die Frage, wie das Männerbild in der Gesellschaft umgesetzt wird. Danach soll das Copingverhalten unter Berücksichtigung der Erwerbstätigkeit, der Partnerschaft und der Umwelt von Vätern dargelegt werden. Vor diesem Hintergrund wird dann noch abschließend der These nachgegangen, ob Väter sich ihrer erzieherischen Verantwortung entziehen oder nicht.

4.1 Die Sozialisation von Jungen und Mädchen

Die Sozialisation hat eine grundlegende Bedeutung für den Werdeprozess des Menschen. Sie wird als Prozess der Entstehung und Entwicklung von Persönlichkeit in wechselseitiger Abhängigkeit von der gesellschaftlich vermittelten sozialen und materiellen Umwelt verstanden.[34] Vorrangig ist darunter zu verstehen, wie sich ein Individuum zu einem gesellschaftlich handlungsfähigen Subjekt ausbildet.[35] Anforderungen am Arbeitsplatz werden ebenso als Bedingungen des Sozialisationsprozesses gesehen wie Wohnsituation, Fernsehkonsum, elterliche Erziehungsstile oder Lernprozesse in der Schule.[36] Im Weiteren werden auch psychische Prozesse und Zustände wie Gefühle und Motivationen sowie Sprache, Wissen und Wertehaltung als Komponenten des Sozialisationsprozesses definiert.[37]

Schon unmittelbar nach der Geburt sortiert das Umfeld die Kinder in die Geschlechterklassen Junge bzw. Mädchen. Infolgedessen werden sie unterschiedlich behandelt, machen unterschiedliche Erfahrungen und sind unterschiedlichen Erwartungen ausgesetzt. „Als Folge davon lagert sich eine geschlechtsklassenspezifische Weise der äußeren Erscheinung, des Handelns und Fühlens objektiv über das biologische Muster, die dieses ausbaut, missachtet oder durchkreuzt."[38] Zimmermann behauptet, dass Unterschiede zwi-

---

34 Vgl.: Tillmann, Klaus-Jürgen: Sozialisationstheorien. Eine Einführung in den Zusammenhang von Gesellschaft, Institutionen und Subjektwerdung, S. 10, 2003

35 Vgl.: Tillmann, Klaus-Jürgen: Sozialisationstheorien. Eine Einführung in den Zusammenhang von Gesellschaft, Institutionen und Subjektwerdung, S. 10, 2003

36 Vgl.: Tillmann, Klaus-Jürgen: Sozialisationstheorien. Eine Einführung in den Zusammenhang von Gesellschaft, Institutionen und Subjektwerdung, S. 10, 2003

37 Vgl.: Tillmann, Klaus-Jürgen: Sozialisationstheorien. Eine Einführung in den Zusammenhang von Gesellschaft, Institutionen und Subjektwerdung, S. 12, 2003

38 Zit.: Zimmermann, Peter: Junge, Junge! Theorien zur geschlechtstypischen Sozialisation und Ergebnisse einer Jungenbefragung, S. 27, 1998

schen den Geschlechtern eigentlich keine große Bedeutung für die menschlichen Fähigkeiten und für die Bewältigung von Alltagsaufgaben hätten.[39] Im Weiteren stellt er die Frage, wie biologische Unterschiede sozial erweitert werden können. Die Antwort liegt in den „Face-to-Face-Interaktion" zwischen Frauen und Männern. Dabei wird beobachtet, wie Männer beispielsweise schwere Gegenstände tragen, weil davon ausgegangen wird, dass sie größer und stärker als Frauen sind. Dafür zollen Frauen Männern Anerkennung und sogar Dankbarkeit. Weitere Beispiele sind z. B. das Vorhandensein verschiedener Toiletten, das Flirten oder die Auswahl von Kleidung. Dieser Hintergrund macht es deutlich, dass die Entwicklung von Mädchen zu Mädchen und Jungen zu Jungen nicht ausschließlich biologisch begründbar ist. Kinder entwickeln wohl ein Bewusstsein für die ihnen vermittelten Normen und Erwartungen und auch ein Bewusstsein aus ihren Erfahrungen, wie sich Mädchen und Jungen verhalten im Zuge ihres Hineinwachsens in die Kultur der Zweigeschlechtlichkeit.[40]

Alltäglich wird Jungen vermittelt, dass sie stark und hart sein müssen. Durch die Überwindung von individuellen Grenzen glauben sie ihre Identität und Stärke zu finden. Dies manifestiert sich oftmals in Exzessen wie Trinkgelagen, Raufereien oder übermäßigem Drogenkonsum. Außerdem haben sie Angst vor Zärtlichkeit, Niederlagen und persönlichem Versagen. Weil Trost, Rat oder Hilfe zu suchen als unmännlich, also weiblich gesehen wird, ziehen sie sich zurück und reagieren nach außen aggressiv, störend und verweigernd.[41] Väter haben eine Vorbildwirkung auf ihre Söhne. Im täglichen Umgang zeigen sie ihnen meist nicht ihre Ängste, Sehnsüchte oder Widersprüche, an denen sie verzweifeln oder wachsen.[42] Hingegen erleben Söhne oft die Ängste, Sorgen, Sehnsüchte oder Widersprüche ihrer Mütter.[43] Dies zu übernehmen ist für Jungen nicht relevant, denn ihre Mütter verkörpern die Weiblichkeit, die sie sich nicht zum Vorbild nehmen dürfen.[44] In Fragen der alltäglichen Versorgung, Betreuung und Bewältigung von Konfliktsituatio-

39 Vgl.: Zimmermann, Peter: Junge, Junge! Theorien zur geschlechtstypischen Sozialisation und Ergebnisse einer Jungenbefragung, S. 27, 1998

40 Vgl.: Zimmermann, Peter: Junge, Junge! Theorien zur geschlechtstypischen Sozialisation und Ergebnisse einer Jungenbefragung, S. 26, 1998

41 Vgl.: Lohscheller, Frank: Typisch Junge? Kommunikations- und Konflikttraining für Jungen an Schulen, S. 17, 2002

42 Vgl.: Lohscheller, Frank: Typisch Junge? Kommunikations- und Konflikttraining für Jungen an Schulen, S. 13, 2002

43 Vgl.: Lohscheller, Frank: Typisch Junge? Kommunikations- und Konflikttraining für Jungen an Schulen, S. 13, 2002

44 Vgl.: Lohscheller, Frank: Typisch Junge? Kommunikations- und Konflikttraining für Jungen an Schulen, S. 13, 2002

nen erleben Jungen ihre Mütter meist an vorderster Front.[45] Dagegen melden Väter ihren Anspruch auf erzieherische Einflussnahme fast nur in außergewöhnlichen Situationen an wie bei Kinobesuchen, beim Bauen von Gartenhütten oder beim Besuch von Fußballspielen.[46]

Walter formuliert ihr Verständnis vom Vorbildsein in sechs Thesen wie folgt:

1) Vorbild zu sein heißt, die Kinder im Aufwachsen liebevoll und anteilnehmend zu begleiten.
2) Vorbild zu sein bedeutet, eine eigene Meinung zu haben und diese auch mitzuteilen.
3) Vorbild zu sein heißt, Kindern und Jugendlichen mögliche Auswege aus ihrer Orientierungslosigkeit.
4) Vorbild zu sein setzt voraus, eigene Schwächen zuzugeben und bereit zu sein, sich zu entschuldigen.
5) Vorbild werden Menschen, die sich durch die eigene Person als mögliches Beispiel des Frau- oder Mannseins anbieten.
6) Und: Vorbilder können auf tugendhafte Entrüstung verzichten.[47]

Nach dem die Familie in ihre Bedeutung als Sozialisationsinstanz beschrieben wurde, geht es im Folgenden um die koedukative Schule hinsichtlich ihrer Erziehungskompetenz für Jungen. Einerseits berichtet Zimmermann von einem Ungleichgewicht in der Bewertung von Jungen und Mädchen durch Lehrer und Lehrerinnen. Obwohl Jungen das Unterrichtsgeschehen durch Störungen sowie Disziplinlosigkeit eher bestimmen, während sich Mädchen am Unterricht konstruktiver beteiligen, bekommen sie im Vergleich zu Mädchen mehr Aufmerksamkeit und Anerkennung. Vor diesem Hintergrund entwickeln Mädchen ein geringeres Selbstwertgefühl, obwohl ihre Schulleistungen durchschnittlich besser sind als die ihrer Mitschüler.[48] Im Weiteren neigen Mädchen zu einer unangemessen niedrigen Selbsteinschätzung, während Jungen sich eher unberechtigt überschätzen. Der Benachteiligungsprozess wird auch durch die Wahl von unterschiedlichen Fächern seitens von Jungen und Mädchen dargelegt. Sofern es eine Wahlmöglichkeit gibt, wählen meist Jungen mathematisch-naturwissenschaftliche und bei Mädchen eher sprachliche und musische Fächer.[49] Zimmermann informiert über Studien,

---

45 Vgl.: Lohscheller, Frank: Typisch Junge? Kommunikations- und Konflikttraining für Jungen an Schulen, S. 11, 2002

46 Vgl.: Lohscheller, Frank: Typisch Junge? Kommunikations- und Konflikttraining für Jungen an Schulen, S. 12, 2002

47 Vgl.: Walter, Melitta: Jungen sind anders, Mädchen auch. Den Blick schärfen für eine geschlechtergerechte Erziehung, S. 73, 2005

48 Vgl.: Zimmermann, Peter: Junge, Junge! Theorien zur geschlechtstypischen Sozialisation und Ergebnisse einer Jungenbefragung, S. 67, 1998

49 Vgl.: Zimmermann, Peter: Junge, Junge! Theorien zur geschlechtstypischen Sozialisation und Ergebnisse einer Jungenbefragung, S. 68, 1998

die belegen, dass Jungen häufiger sitzen bleiben als Mädchen. Des Weiteren zeigt er auf, dass Jungen in Sonderschulen für Lernbehinderte oder in Sonderschulen für Erziehungsschwierige häufiger anzutreffen sind als Mädchen.[50] In der Statistik der Schulentlassungen führen die Jungen in der Rubrik „ohne Hauptschulabschluss" mit einem Anteil von 60 %.[51] Mädchen wiederum machen mehr mittlere Abschlüsse und schließen die Schule häufiger mit dem Abitur ab als Jungen.[52]

Abschließend geht es noch um den Aspekt des Fernsehkonsums. Die Werbung ist ein bezeichnendes Beispiel dafür, in welcher ständigen Veränderungen sich die Darstellung des Männlichen befindet, wobei bestimmte Grundzüge erhalten bleiben: Es werden Werbespots gezeigt, die darauf abzielen, Männer besser als Frauen aussehen zu lassen. So erbringen Männer Erfolge und stellen sich Herausforderungen, die sie bis ins hohe Alter begleiten. Die Gesellschaft ist der Ansicht, dass Männer mehr Gefühle zeigen sollen. Folglich konstruiert die Werbung den passenden Mann dazu. Erfolgreich erledigt er seine Bankgeschäfte online, lebt bewusst und sportlich, und wenn ihn seine Frau braucht, bleibt er immer locker und entspannt. Oder man sieht, wie er mit seinem Volvo fährt, um seiner Tochter beim Fußball spielen zuzuschauen oder seinem Sohn beim Schwimmen die Daumen zu drücken.[53]

4.2 Das Männerbild in der Gesellschaft

Im vorangegangenen Abschnitt wurde ansatzweise aufgezeigt, wie Mannsein - neben den biologischen Mustern - von unterschiedlichen Faktoren und Mustern abhängig ist und geprägt wird. Im Folgenden wird ausgeführt, wie das Männerbild von der Gesellschaft konstruiert und propagiert wird.

Die Projektionen und Entwürfe von Männerbild wie auch Frauenbild werden von Prozessen begleitet, die sich ständig verändern und weiterführen. Weibliche und auch männliche Geschlechtereigenschaften sind kulturell und historisch variabel. In der neo-konfuzianischen Kultur zwischen der Song- und Qing- Dynastie findet sich beispielsweise eine eher negative Bewertung von Soldatentum, wohingegen das in der europäischen Kultur eng und positiv mit Männlichkeit verbunden ist. Auch die Einstellung gegenüber Homosexualität ist in der neo-konfuzianischen Kultur positiv, im Gegensatz zur eu-

50 Vgl.: Zimmermann, Peter: Junge, Junge! Theorien zur geschlechtstypischen Sozialisation und Ergebnisse einer Jungenbefragung, S. 72, 1998

51 Vgl.: Zimmermann, Peter: Junge, Junge! Theorien zur geschlechtstypischen Sozialisation und Ergebnisse einer Jungenbefragung, S. 72, 1998

52 Vgl.: Zimmermann, Peter: Junge, Junge! Theorien zur geschlechtstypischen Sozialisation und Ergebnisse einer Jungenbefragung, S. 72, 1998

53 Vgl.: Lohscheller, Frank: Typisch Junge? Kommunikations- und Konflikttraining für Jungen an Schulen, S. 11, 2002

ropäischen Kultur.[54] Ein anderes Beispiel: Bei Amhara in Äthiopien lassen sich aggressive Formen von Männlichkeit feststellen, während auf Tahiti und Malaysia eher passivere Verhaltensmuster zu beobachten sind.[55]

Im Folgenden geht es um das Verständnis von Männlichkeit im europäischen Lebensraum:

Allgemein formuliert, existieren widersprüchliche, konfuse Vorstellungen von der Rolle des Mannes. Zum einen wird von Männern erwartet, dass sie physische Stärke und körperliche Fertigkeiten besitzen, und zum anderen werden intellektuelle und zwischenmenschliche Kompetenzen hervorgehoben. Des Weiteren wird auf der einen Seite von Männern erwartet, dass sie ihre Emotionen besser als Frauen unter Kontrolle haben. Wo dies gelingt, wird ihnen gleichzeitig vorgeworfen, dass sie sich ihrer Gefühle entfremden würden. Außerdem wird Männern nachgesagt, dass sie eine größere soziale Bindung zu Personen des gleichen Geschlechts haben als Frauen. Aber gleichzeitig wird ihnen vorgehalten, dass sie die emotionale Nähe zu gleichgeschlechtlichen Personen aus Angst vor Homosexualität meiden würden.[56]

Ein weiterer Aspekt, der nicht unerwähnt bleiben darf, ist die Vorstellung von Männern, die Ernährerrolle ausfüllen zu sollen. In diesem Zusammenhang ist anzumerken, dass die Bundesregierung die Nichtbeschäftigung von Ehefrauen jährlich mit Steuervorteilen von 22 Milliarden Euro belohnt.[57] Es kann angenommen werden, dass die Erwerbsarbeit ein zentraler Bestandteil männlicher Identität ist, obwohl 82 % der befragten Männer angaben, dass ihnen die Familie wichtiger ist als die Erwerbsarbeit.[58] Eine Studie über die Teilhabe von Männern im Bereich der Haus- und Familienarbeit zeigt, dass Männer sich nur durchschnittlich zehn Stunden pro Woche daran beteiligen.[59] Die gestiegene Präsenz von Männern im Haushalt, die im Laufe der Zeit festgestellt wurde, führt Döge auf das veränderte Verhalten der Frauen

---

54 Vgl.: Lohscheller, Frank: Typisch Junge? Kommunikations- und Konflikttraining für Jungen an Schulen, S. 11, 2002

55 Vgl.: Göge, Peter: Geschlechterdemokratie als Männlichkeitskritik. Blockaden und Perspektiven einer Neugestaltung des Geschlechterverhältnisses, S. 33, 2001

56 Vgl.: Pleck, H. Joseph: Kritische Männerforschung. Neue Ansätze in der Geschlechtertheorie, S. 28, 2001

57 Vgl.: Die Tageszeitung Zeit Nr. 29, Rubrik Leben, S. 49 vom 13. Juli 2006

58 Vgl.: Göge, Peter: Geschlechterdemokratie als Männlichkeitskritik. Blockaden und Perspektiven einer Neugestaltung des Geschlechterverhältnisses, S. 80, 2001

59 Vgl.: Göge, Peter: Geschlechterdemokratie als Männlichkeitskritik. Blockaden und Perspektiven einer Neugestaltung des Geschlechterverhältnisses, S. 80, 2001

zurück.[60] Bei Erwerbslosen hingegen vergrößert sich der Anteil an Haus- und Familienarbeit nicht.[61]

Es gibt aber auch Frauen, die das Engagement von Männern im Bereich Haus- und Familienarbeit als Einmischung ansehen. Auch sind nicht alle Frauen an einer Erwerbsarbeit interessiert. Im Jahr 1998 wollten 44 % der 18- bis 45-jährigen und sogar 75 % der über 46-jährigen Frauen lieber Hausfrauen sein. 39 % der jüngeren Gruppe bzw. 56 % der älteren Gruppe sind der Ansicht, Mütter sollten nicht berufstätig sein. Etwa 80 % der Frauen zwischen 18 und 35 Jahren sind mit ihrer Rolle als Hausfrau zufrieden. Nur jede fünfte Frau in der Bundesrepublik mit einem Kind unter neun Jahren wünscht sich, dass beide Partner Vollzeit arbeiten.[62] Die Notwendigkeit, hauptverantwortlich für den Haushalt zu sein, sehen Frauen darin, den Sauberkeitsstandard erfüllen zu müssen. Dasselbe Verhaltensmuster ist auch zu finden, wenn es um die Frage der Betreuungskompetenzen geht. Döge berichtet von einer Studie, in der zwar gut die Hälfte der befragten Frauen es begrüßen würde, wenn ein Mann Erziehungsurlaub in Anspruch nehmen würde; aber fast sechs Zehntel meinen, dass dies dem Bild des Mannes nicht entsprechen würde. Einige Mütter sehen in Vätern nur ihre Assistenten.

Auch in der Werbung sind traditionelle Männerbilder zu finden. So werden z. B. Darstellungen eines berufstätigen Mannes gezeigt, der Macht ausübt und respektiert wird. Männer werden vornehmlich mit Produkten dargestellt, die im weitesten Sinne zu traditioneller Männlichkeit gehören. Sie sind in der Mehrheit älter als die dargestellten Frauen und werden seltener als diese nackt oder nur spärlich bekleidet gezeigt. Darüber hinaus lächeln sie seltener als Frauen, wirken emotional kontrollierter, unabhängiger und stärker. Frauen wird eher die Funktion als Geliebte, Mutter oder Hausfrau an der Seite des kompetenten Experten, coolen Draufgängers, des selbstbewussten und erfolgreichen Geschäftsmannes zu gewiesen.[63]

Anfang der siebziger Jahre entfachte eine Diskussion um die Gleichstellung der Frau. Sie wurde von Frauengruppen ausgelöst. Diese wollten zum Ausdruck bringen, dass die Haltung von Männern gegenüber Frauen in vielen Bereichen, aber vor allem in der Erwerbstätigkeit und der Beteiligung der Frau nicht mehr akzeptabel war. Es wurde ein Prozess in Gang gesetzt, der schrittweise bis heute dazubeiträgt, dass die Rollen von Männern und Frauen neu definiert werden. Gegenwärtig haben sich die Chancen für Frauen in den

---

60 Vgl.: Göge, Peter: Geschlechterdemokratie als Männlichkeitskritik. Blockaden und Perspektiven einer Neugestaltung des Geschlechterverhältnisses,S. 80, 2001

61 Vgl.: Göge, Peter: Geschlechterdemokratie als Männlichkeitskritik. Blockaden und Perspektiven einer Neugestaltung des Geschlechterverhältnisses, S. 80, 2001

62 Vgl.: Göge, Peter: Geschlechterdemokratie als Männlichkeitskritik. Blockaden und Perspektiven einer Neugestaltung des Geschlechterverhältnisses, S. 89, 2001

63 Vgl.: Zurstiege, Guido: Mannsbilder - Männlichkeit in der Werbung, S. 28, 1998

genannten Bereichen verbessert. Männer überdenken ihr Verständnis von Mannsein, sie reflektieren über ihre traditionellen Vorstellungen von Männlichkeit. Dies hat zur Folge, dass sie sich zwischen den traditionellen und den veränderten Vorstellungen von Männlichkeit bewegen. Dies führt zu einer gewissen Unsicherheit.

Zum Schluss dieses Kapitels folgen noch einige Anmerkungen zum sozialen Status der traditionell bzw. nicht traditionell denkenden Männer. Traditionell denkende Männer finden sich überdurchschnittlich im gehobenen Dienst, aber nicht unter Freiberuflern. Zu den „neuen Männern" zählen eher jüngere Männer (Studenten, im sozialen Bereich Tätige), Arbeitslose und Facharbeiter, weniger leitende Angestellte oder einfache Beamte. Zulehner und Volz fügen den bereits genannten Männertypen noch die Verunsicherten und Pragmatischen hinzu.[64] Zu den verunsicherten Männern zählen sie eher Angestellte mit Leistungswillen. Die pragmatischen Männer sind eher unter den leitenden Angestellten, aber kaum unter den Landwirten anzutreffen.

4.3 Das Copingverhalten

In den zwei vorangegangenen Unterkapiteln wurde dargestellt, welche Normen und Werte Männer in unserer Gesellschaft erfüllen müssen, um anerkannt zu werden. Vor diesem Hintergrund geht es im Folgenden darum, wie Väter geistig behinderter Kinder unter erschwerten Bedingungen zurechtkommen.

Es ist nicht eindeutig, welcher Elternteil zuerst über die Behinderung des Kindes informiert wird. Kallenbach bezieht sich auf Pueschel und Murphy, die feststellen, dass in der Regel Mütter zuerst davon erfahren. Ebenso wird vermutet, dass Väter die Erstinformation erhalten, weil Ärzte die traditionelle Einstellung haben, dass Väter belastbarer sind als Mütter. Die Reaktionen von Vätern über die Nachricht von der Behinderung ihres Kindes können sich in Wut, Angst, Enttäuschung, Verzweiflung, Ungläubigkeit oder innerer Not ausdrücken. Bei der endgültigen Diagnose reagieren sie jedoch rationaler als Mütter. Dies bedeutet aber nicht, dass Väter nicht auch emotional beteiligt sind. Sie scheinen die Rolle, die ihnen als starker Partner und Tröster zugeschrieben wird, auszufüllen.[65]

Die Zeit nach der Diagnose erleben Väter und Mütter unterschiedlich. Während Mütter auch ihre Belastungen nach außen tragen, ziehen sich Väter zurück. Väter erleben die Behinderung als Gefährdung ihres Selbstbildes, das sich vor allem an gesellschaftlichen Normen und Wertvorstellungen orientiert. Sie haben Angst vor sozialer Diskriminierung. Anfangs fällt es ihnen

64 Vgl.: Zulehner, M. Paul; Volz, Rainer: Männer im Aufbruch. Wie Deutschlands Männer sich selbst und wie Frauen sie sehen, S. 59, 1999

65 Vgl.: Kallenbach, Kurt: Väter schwerstbehinderter Kinder, S. 25, 1997

schwer, sich mit ihrem behinderten Kind in der Öffentlichkeit zu zeigen. Durch ihre Erwerbstätigkeit wird den Vätern die Auseinandersetzung mit der Behinderung erschwert. Sie sind mit ihren Problemen und der Entwicklung ihres Kindes wenig vertraut. Dagegen können Mütter mit diesen Belastungen besser umgehen, die Behinderung ihres Kindes schrittweise annehmen oder verarbeiten. Die so entstehende intensive Beziehung zwischen Mutter und Kind können Väter als Missachtung ihrer Persönlichkeit ansehen.[66] Folglich trennen sich solche Väter von ihren Partnerinnen. Eine hohe Scheidungsrate in Familien mit einem behinderten Kind konnte jedoch nicht belegt werden. Außerdem ist hinzuzufügen, dass wahrscheinlich die Familienstruktur bei Scheidungsfamilien bereits vor der Geburt des behinderten Kindes belastet war.[67]

Es gibt aber auch Väter, die ihrer Partnerin und ihrer Familie zur Seite stehen. Sie beteiligen sich an allen täglich anfallenden Aufgaben. Somit entlasten sich die Eltern gegenseitig. Gaderer bewältigt das Leben im Zusammenhang mit der Behinderung seiner Tochter darin, dass er Gespräche mit Menschen seines Vertrauens führt. Dazu gehören auch Treffen mit Eltern, die ähnliche Probleme haben. Unterstützend wirkt sich auch aus, Hilfe durch andere zuzulassen.[68]

Es ist wichtig, sich entstehende Abhängigkeiten bewusst zu machen und sie zu akzeptieren. So schildert ein anderer Vater die Situation mit behinderten Kindern wie folgt: „Es ist doch großartig, wie sie bei der Entscheidung helfen können, was nötig und unnötig ist. Die materiellen Bedürfnisse können aufgrund der oft schlechten finanziellen Lage (Pflegegeld und Sozialhilfe) nicht sehr hoch sein. Man wird bescheidener und auch zufriedener und gerät nicht in die ‚marktwirtschaftliche Überfluß- und Wegwerfspirale', die auf Dauer sicher vieles zerstört. Und wenn wir zu Thomas sagen: ‚Wir danken dir, dass wir dich haben – du hast uns viel gelehrt' – dann strahlt sein Gesicht vor Freude."[69] Einen weiteren Aspekt beschreibt Weinert, der seinen Glauben zu Gott als eine wichtige Stütze bei der Verarbeitung seiner Lebenssituation mit einem behinderten Kind sieht.

4.3.1 Väter zwischen Berufs- und Elternrolle

Die Vereinbarkeit von Beruf und Familie stellt für viele Väter ein großes Problem dar. Einerseits müssen sie als Hauptenährer sicher stellen, dass die fi-

---

66 Vgl.: Wilken, Udo; Jeltsch- Schudel, Barbara: Eltern behinderter Kinder. Empowerment - Kooperation - Beratung, S. 47, 2003

67 Vgl.: Kallenbach, Kurt: Väter schwerstbehinderter Kinder, S. 28, 1997

68 Vgl.: Gaderer, Manfred: Das Leben mit meiner behinderten Tochter-ein Leben in zwei Welten. In: Kallenbach, Kurt, S. 20, 1999

69 Zit.: Böttger, Gottfried: Ein behindertes Kind – Lehrmeister für seine Eltern. In: Kallenbach, Kurt, S. 39, 1999

nanzielle Situation der Familie gewährleistet ist. Anderseits haben sie es durch ihre berufsbedingte tägliche Abwesenheit von zu Hause schwer, in die Familie integriert zu werden. „Ich schleppe nur das Futter in die Höhle, aber dort selbst habe ich nichts zu sagen. Meine Frau ist zum Muttertier geworden; als Mann bin ich da draußen."[70] Väter können wegen ihrer Berufstätigkeit ihre Ehefrauen meistens nur am Wochenende und nach Feierabend bei der Betreuung und Fürsorge ihres geistig behinderten Kindes entlasten. Und Termine mit Fachleuten im Rahmen der Beratung ihres Kindes schaffen sie auch nur bedingt wahrzunehmen.

Der gesellschaftliche Druck, konform mit traditionellen Rollen zu leben, ist nach wie ernorm. Es ist ein Prozess, der sich nicht heute auf morgen verändern lässt. Männer brauchen viel Selbstbewusstsein, um in der männlichen Arbeitswelt ein abweichendes Verhalten zeigen zu können. Halten sie sich nicht an Regeln, so laufen sie Gefahr, als Außenseiter degradiert zu werden. Vor diesem Hintergrund haben viele Väter Probleme, ihr familienorientiertes Verhalten zu offenbaren. Die Leistung wird von vielen Vorgesetzten nicht am Ergebnis, sondern an der betrieblichen Präsenz des Arbeitnehmers gemessen. Gesterkamp bezieht sich auf Untersuchungen, die aufzeigen, dass Teilzeitmitarbeiter zwar besonders effektiv arbeiten, jedoch von ihren Kollegen ignoriert werden. „Karrieren werden nach 17 Uhr entschieden" kriegt zu hören, wer genau dann endlich gehen will.'[71] Besonders unter den leitenden Mitarbeitern und Verdienern höherer Gehaltsgruppen werden Leistungen nach Überstunden gemessen. Reduzierte Arbeitszeiten werten sie als sozialen Abstieg und Karriereknick. Kollegen, die kürze Arbeitszeiten anstreben, werden als Versager angesehen. Folglich schließen Neider teilzeitbeschäftigte Mitarbeiter bewusst oder unbewusst aus betrieblichen internen Kreisen aus. Geleistete Überstunden gelten als Zeichen von Unentbehrlichkeit, Loyalität und Identifikation mit dem Unternehmen. Wie sollen Väter unter solchen Prämissen mehr Präsenz in ihrer Familie mit ihren behinderten Kindern verwirklichen können?

Hoem fordert von der deutschen Bevölkerung und vor allem von der Politik, das traditionelle Familienleitbild vom männlichen Alleinernährer nicht mehr für allgemeingültig zu erklären. Dies hindert die Gleichstellung der Geschlechter und macht die Bundesrepublik zu einem familienfeindlichen Land. Das neu eingeführte Gesetz „Elterngeld" von der Bundesfamilienministerin Ursula von der Leyen zur Förderung von Vereinbarkeit von Familie und Beruf für Männer hält er für einen richtigen Schritt in die richtige Richtung. Gleichwohl macht er darauf aufmerksam, dass das Verändern eines Pa-

70 Zit.: Kallenbach, Kurt: Vater eines behinderten Kindes.
In: http://www.familienhandbuch.de vom 08.08.2006

71 Zit.: Gesterkamp, Thomas: Die Krise der Kerle. Männlicher Lebensstil und Wandel der Arbeitsgesellschaft, S. 94, 2004

rameters im System nicht ausreichend ist. „Nötig scheint die richtige Kombination aus Politik, Staatsform und der günstigen Mentalität zu sein."[72] Die skandinavischen Länder Schweden, Dänemark, Norwegen oder Finnland zeigen, dass die Vorstellung von der Gleichstellung der Geschlechter umsetzbar ist. Die seit Jahren eingeführten politischen Reformen zur Unterstützung dieses Prinzips werden dort vom Volk sowie von der Wirtschaft mitgetragen.

In der Bundesrepublik gibt es auch vermehrt Väter, die trotz gesellschaftlichen Drucks sich für eine gewisse Zeit aus dem Berufsleben zurückziehen oder Teilzeit arbeiten (die seit 2001 gesetzlich festgelegt ist), um für ihr Kind und ihre Familie dazusein, wie z. B. die Prominenten Gregor Gysi, Anton Schaaf oder Dirk Niebel.

4.3.2 Väter in der Partnerschaft

Es gibt viele verschiedene Probleme, die eine Partnerschaft auf eine harte Probe stellen können, wie finanzielle Nöte, die Krankheit eines Familienangehörigen, schlechtes Verhältnis zur Schwiegermutter oder zu Verwandten. Aber die Behinderung des Kindes fordert von Vätern und Müttern eine Form von Elternschaft, die nicht unbedingt mit den traditionellen Rollenerwartungen vereinbar ist, wie sie auch heute noch weit verbreitet sind. Einerseits ändert sich vielleicht gar nichts, andererseits lassen sich Eltern schlimmstenfalls aufgrund der vermehrten Belastungen scheiden. Vielleicht wird aber auch die Beziehung der Eltern dadurch sogar noch stärker. Eltern lernen Unwichtiges von Wichtigem zu unterscheiden.

Väter können sowohl eine wichtige Stütze als auch ein Problem für ihre Partnerinnen sein. Ihre angebliche Sachlichkeit und „aufgesetzte" Stärke, womit sie ihren Ehefrauen gegenübertreten, obwohl sie leiden, können dazuführen, dass sie am Starksein zerbrechen und sich ganz zurückziehen. Demgegenüber können sie aber ihren Frauen beim Durchleben der Trauer und Tiefe eine Form von Sicherheit und Geborgenheit bieten. „Eines Tages sagte Bruce zu mir: ‚Ich will, dass du eins weißt: Es ist egal, was der Grund dafür ist. Das einzige, was wirklich zählt, ist, dass wir alles - was auch immer geschehen mag, was Betsy auch immer brauchen mag - zusammen tun.' Dieser Satz befreite uns beide. Ich konnte die Schuldgefühle fallen lassen, die ich mit mir herumschleppte, und etwas von der Angst."[73]

---

72 Zit.: Die Tageszeitung Zeit Nr. 29, Rubrik Wissen, S. 30 vom 29. Juni 2006

73 Zit.: Miller, Nancy: Mein Kind ist fast ganz normal. Leben mit einem behinderten oder verhaltensauffälligen Kind: Wie Familien gemeinsam den Alltag meistern lernen, S. 148, 1997

4.3.3 Väter und die Umwelt

Der Weg in die Öffentlichkeit wird für viele Eltern geistig behinderter Kinder zu einer Belastungsprobe. Ihr Kind entspricht nicht den gesellschaftlichen Vorstellungen und Erwartungen. Sie nehmen häufig negative Reaktionen wahr, die sich in Form von auffälligen Blicken und Verhaltensweisen zeigen. Väter schämen sich oft, sich in der Öffentlichkeit mit ihrem Kind zu zeigen. Ihnen ist peinlich, Vater eines geistig behinderten Kindes zu sein.

Die Art und Schwere der Behinderung bestimmen auch das väterliche Handeln. Kinder mit einer offensichtlichen Behinderung werden weniger akzeptiert als die mit einer verdeckten. Jungen werden von ihren Vätern noch bevorzugt anerkannt. Töchter werden eher angenommen, wenn eine geistige Retardierung vor liegt. Die Fähigkeiten des Kindes entscheiden bei Müttern, ob sie das Kind annehmen oder nicht. Für Mütter ist es nicht problematisch, ihr Kind mit in die Öffentlichkeit zunehmen. Sie sind dies durch den Kontakt zu vielen unterschiedlichen Fachleuten, durch Behördengänge, Einkaufen oder das Bringen des Kindes in die Schule gewöhnt.

4.4 Kurze Zusammenfassung

Die These „Väter entziehen sich ihrer erzieherischen Verantwortung“ kann in ihrer Bedeutung bestätigt werden. Allerdings muss hinzu gefügt werden, dass sowohl äußerliche als auch innerliche Einflüsse das Vorgehen von Vätern im Hinblick auf die Frage ihrer erzieherischen Verantwortung bestimmen. Bereits während ihrer eigenen Kindheit erleben Väter, dass Jungen und Mädchen unterschiedlich behandelt werden, um sich auch entsprechend unterschiedlich selbst zu verhalten. Ihnen wird vermittelt, dass sie hart und stark sein müssen. Den Umgang mit Ängsten, Sorgen, Sehnsüchten und inneren Widersprüchen erleben Jungen im täglichen Zusammensein bei ihren Müttern, ohne dass sie dies nachmachen dürfen. Sie erleben die Unterschiede im Frauen- und Männerbild in unserer Gesellschaft schon früh. Später erfahren sie, welche krassen Unterschiede es auch im beruflichen Leben zwischen Frauen und Männern gibt.

Ein kurzer Exkurs zeigt, dass die Politik durch entsprechende Gesetzgebung Einfluss auf die Gleichbehandlung von Mann und Frau in unserer Gesellschaft zu nehmen versucht.

Zur Frage der Partnerschaft zeigt sich zunehmend, dass Väter sich immer mehr und deutlicher engagieren. Dennoch übernehmen die Mütter nach wie vor mehr Verantwortung.

Abschließend ist noch festzustellen, dass das persönliche Umfeld von Familien mit einem behinderten Kind eine große Rolle bei der Unterstützung inne hat, wenn es sie ausfüllt. Aber auch die Hilfestellung durch den Staat hat eine oft bedeutsame Funktion, auch wenn sie oft nicht erfüllt wird.

5 Die Zusammenarbeit von pädagogischen Mitarbeitern und Vätern

Das Ziel des beruflichen Handelns von pädagogischen Fachkräften besteht darin, einen Beitrag zur Verbesserung der Lebenschancen von Menschen, die in irgendeiner Weise in ihren Fähigkeiten und Möglichkeiten eingeschränkt sind, zu leisten. Diese Unterstützung ist nach Möglichkeit so zu gestalten, dass die Betroffenen selbstständig am Leben der Gemeinschaft teilhaben können.

Im Zentrum dieses Abschnittes steht die Zusammenarbeit von pädagogischen Fachkräften und Vätern. Die möglichen Unterschiede in der Zusammenarbeit zwischen Vätern und Müttern sollen auch bearbeitet werden.

5.1 Die Definition von pädagogischen Mitarbeitern

Die pädagogischen Fachkräfte unterstützen Menschen darin, eine Balance zu finden zwischen ihren jeweiligen Bedürfnissen und Fähigkeiten und ihrer Umwelt mit deren jeweiligen Angeboten und Anforderungen. Sie sind einerseits bemüht, die Entwicklung, die Einstellungen und die Verhaltensweisen von Menschen zu fördern, zu stärken und zu verbessern. Anderseits gehört es zu ihren Aufgaben, die Lebensbedingungen in der Umwelt des Betroffenen so zu gestalten und zu beeinflussen, dass die notwendigen Voraussetzungen und Bedingungen für eine menschenwürdige Existenz vorhanden sind. Sie sollten begleiten, nicht etwas überstülpen. Die Hilfebedürftigen da abholen, wo sie stehen.

5.2 Zusammenarbeit mit Vätern

Experten stellten lange Zeit die Mutter-Kind-Interaktion in den Vordergrund. Väter wurden für die Erziehung der Kinder nicht in Betracht gezogen. Weshalb dies die Experten annahmen, ist in Kapitel 4 ausgeführt. Im Zuge der Debatte um die Gleichstellung von Frau und Mann in allen gesellschaftlichen Bereichen nahm das Forschungsinteresse für die Vater-Kind-Interaktion anfangs der achtziger Jahre zu. Vor dem Hintergrund, dass Väter weniger als Mütter in der Interaktion mit ihrem Kind beachtet worden sind, verstärkten sich die Mutter-Kind-Symbiosen, die Isolation und Entfremdung des Vaters vom System Familie. Mütter pflegen deshalb einen intensiveren Kontakt zu Fachleuten. Folglich werden sie leichter in die Zusammenarbeit integriert.

Männer haben Probleme bzw. schwierigere Rahmenbedingungen in der Gesellschaft, ihr familienorientiertes Verhalten zu zeigen (siehe ausführlich Kapitel 4). Ursel ist der Meinung, dass Väter andere Strukturen der Zusammenarbeit brauchen. Sie können nicht die der Mütter in Anspruch nehmen.[74]

Schlimm hat eine Untersuchung zur Rolle der Väter in der Frühförderung gemacht. Sie hat festgestellt, dass Väter frühgeförderter Kinder nicht in das Frühfördergeschehen integriert sind, sich aber eine intensive Beteiligung wünschen. Daraus folgert Schlimm, dass Frühförderer in ihrer praktischen Arbeit mit behinderten Kindern Väter stärker einbeziehen und dass sie die Termine so gestalten sollen, dass es den Vätern leichter möglich ist, an ihnen teilzunehmen.[75]

5.3 Die möglichen Unterschiede in der Zusammenarbeit zwischen pädagogischen Mitarbeitern und Müttern bzw. Vätern

Das gesellschaftliche Rollenverständnis von Mann und Frau ist ausschlaggebend für die möglichen Unterschiede in der Zusammenarbeit zwischen Vätern und Müttern (siehe ausführlich Kapitel 4). Kallenbach hat problematisiert, dass die Situation im sonderpädagogischen Feld auch durch ein ähnliches Nichtbeachten der Vaterrolle gekennzeichnet war.[76]

Der Unterschied in der Zusammenarbeit liegt nicht nur an den äußeren Gegebenheiten. Die betroffenen Eltern sind aufgefordert, ihr Leben so zu gestalten, dass sie möglichst konstruktiv mit Fachleuten arbeiten können. Dazu gehört es, dass Väter im Umgang mit den gesellschaftlichen Normen und Erwartungen noch selbstbewusster umgehen lernen. Dagegen haben Mütter bessere Voraussetzungen, mit den von der Gemeinschaft gestellten Erwartungen für die Erziehung ihrer Kinder verantwortlich um zugehen. Dies schließt aber auch ein, dass Mütter sich aktiv gegen die gesellschaftlichen Normen und Wertvorstellungen einbringen sollen.

---

74 Vgl.: Ursel, Wolfgang: Gelegenheit zur Ermutigung: Angebote am Rande der Frühförderung, S. 40, 2000

75 Vgl.: Schlimm, Beate: Die Rolle der Väter in der Frühförderung, S. 12, 2001

76 Vgl.: Kallenbach, Kurt: Väter schwerstbehinderter Kinder, S. 24, 1997

5.4 Kurze Zusammenfassung

Experten stellten lange Zeit die Mutter-Kind-Interaktion in den Vordergrund. Dies hatte zur Folge, dass die Möglichkeit der Einflussnahme von Vätern bei der Erziehung ihrer Kinder als gering erachtet wurde. Die enge Verbindung zwischen Mutter und Kind führte dazu, dass Mütter zwangsläufig einen engeren Kontakt zu pädagogischen Fachkräften schließen konnten. Die Debatte um die Gleichstellung von Mann und Frau war mit der Auslöser für die Veränderungen in der Wahrnehmung der Vater-Kind-Interaktion. Dennoch gilt immer noch, dass Väter schwierigere Rahmenbedingungen für familienorientiertes Verhalten haben. Ursel und Schlimm appellieren an pädagogische Fachkräfte, Väter zu unterstützen, indem sie berufliche Grenzen der Väter in der Zusammenarbeit berücksichtigen.

6 Methodik der Interviews und qualitative Analyse

6.1 Das problemzentrierte Interview

Das Erhebungsverfahren hat den Vorteil, dass es den Befragten möglichst frei zu Wort kommen lässt, um einer offenen Gesprächssituation nahe zu kommen. Es bezieht sich aber auf eine bestimmte Problemstellung, die der Interviewer einführt und auf die er immer wieder zurückkommt. Die Problemstellung wird vorher vom Interviewer problematisiert und analysiert. Darüber hinaus muss der Interviewer bestimmte Aspekte ausarbeiten, die in einem Interviewleitfaden zusammengefasst sind und im Verlauf des Gesprächs von ihm angesprochen werden. Diese Umfragetechnik ist in der Regel auch ehrlicher, reflektierter, genauer und offener als ein Fragebogen oder eine geschlossene Umfragetechnik.[77]

Die Tonbandaufzeichnungen der durchgeführten Interviews sowie deren Transkription bilden eine wichtige Grundlage für eine weitere Bearbeitung des gewonnenen Datenmaterials. Das Tonbandgerät ermöglicht dem Interviewer, sich voll auf das laufende Gespräch zu konzentrieren sowie im Nachhinein den gesamten Gesprächskontext zu reflektieren. Die Verwendung des Aufnahmegeräts wurde von allen Interviewpartnern akzeptiert. Es beeinträchtigte nicht die Gesprächsatmosphäre. Somit war die Konzentration auf das eigentliche Gespräch gewährleistet.

6.2 Die Auswertungstechnik der Inhaltsanalyse

Nach der Transkription der durchgeführten Interviews gilt es zu klären, welche Auswertungstechnik sich für die Evaluation am besten eignet. Die qualitative Inhaltsanalyse will Texte systematisch analysieren. Sie teilt ihr Material in Einheiten auf, die sie nacheinander bearbeitet. Im Mittelpunkt steht dabei ein theoriegeleitetes, am Material entwickeltes Kategoriesystem. Durch dieses Kategoriesystem werden diejenigen Aspekte festgelegt, mit denen das Material analysiert werden soll.

Es ist hinzuzufügen, dass die qualitative Inhaltsanalyse drei Grundformen hat:

1) „Zusammenfassung: Ziel der Analyse ist es, das Material so zu reduzieren, dass die wesentlichen Inhalte erhalten bleiben, durch Abstraktion ein überschaubares Korpus zu schaffen, das immer noch ein Abbild des Grundmaterials ist […].

---

77 Vgl.: Mayring, Philipp: Einführung in die Qualitative Sozialforschung, S. 67, 2002

2) Exploration: Ziel der Analyse ist es, zu einzelnen fraglichen Textteilen (Begriffen, Sätzen_...) zusätzliches Material heranzutragen, das das Verständnis erweitert, das die Textstelle erläutert, erklärt, ausdeutet.
3) Strukturierung: Ziel der Analyse ist es, bestimmte Aspekte aus dem Material herauszufiltern, unter vorher festgelegten Ordnungskriterien einen Querschnitt durch das Material zu legen oder das Material auf Grund bestimmter Kriterien einzuschätzen."[78]

Das letztere Verfahren eignet sich am besten für die vorliegende Auswertung. Es ermöglicht durch eine genaue Definition der einzelnen Kategorien eine Eindeutigkeit im Hinblick auf die Zuordnung von Textstellen. Diesbezüglich wird die Interpretation durch die zuvor festgelegten Analyseschritte erleichtert. Mayring fasst diese Analyseschritte in drei Punkten wie folgt zusammen:

1) Die explizite Definition der einzelnen Kategorien.
2) Die Auswahl von Ankerbeispielen für diese Kategorien
3) Die Formulierung von Kodierregeln.[79]

Einzelne Elemente der Zusammenfassung finden im Folgenden auch Berücksichtigung.

Zum besseren Verständnis ist im folgenden das Ablaufmodell des Auswertungsverfahrens in Form einer Abbildung hinzugefügt worden.

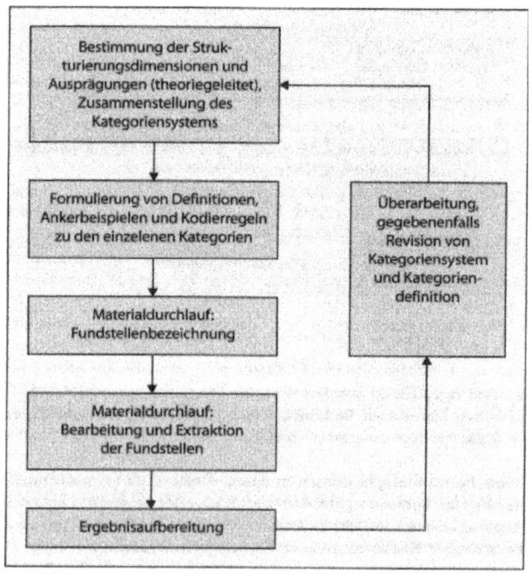

Abb. 23: ***Ablaufmodell strukturierender qualitativer Inhaltsanalyse***

Abb. 1: Ablaufmodell. Quelle: Mayring, Philipp: Einführung in die Qualitative Sozialforschung, S. 120, 2002

78 Zit.: Mayring, Philipp: Einführung in die Qualitative Sozialforschung, S. 115, 2002

79 Vgl.: Mayring, Philipp: Einführung in die Qualitative Sozialforschung, S. 119, 2002

6.3 Die Umsetzung der qualitativen Inhaltsanalyse

Theoriegeleitete Fragestellung

Die vorliegende Arbeit besteht aus zwei Teilen. Im ersten theoretischen Teil, in dem der Schwerpunkt liegt, wurde mithilfe von Literatur der Frage nachgegangen, ob Väter geistig behinderter Kinder sich ihrer erzieherischen Verantwortung entziehen oder nicht. Im zweiten Teil der Arbeit geht es im Rahmen von Interviews um die Frage zur Lebenssituation von Vätern mit geistig behinderten Kindern; es werden sowohl Antworten von betroffenen Vätern als auch von pädagogischen Fachkräften einbezogen. Die einzelnen Fragen an die interviewten Personen sind theoriegeleitet.

Die Festlegung der Analyseeinheiten

Die Festlegung der Analyseeinheiten dient einer Erhöhung der Genauigkeit der danach durchgeführten Inhaltsanalyse. Wie ein Textstück oder eine Phrase zu beurteilen ist, obliegt dem Interviewer. Die Analyseeinheiten bilden die Grundlage für die Kategoriebildung. Die Umsetzung des Schrittes der Festlegung von Analyseeinheiten kann am besten an einem praktischen Beispiel verdeutlicht werden. Die Analyseeinheiten „Wunsch nach Akzeptanz und Integration" und „Vorgehen von Behörden" bilden Elemente der Kategorie „Wunsch nach Integration durch soziales Umfeld".

Analyseeinheiten mittels des Kategoriensystems/ Kategoriensystems an Theorie und Material

In einem weiteren Schritt werden die Analyseeinheiten verglichen, teilweise modifiziert und zu den Hauptkategorien untergeordneten Kategorien zusammengefasst. Im weiteren Verlauf folgen die Formulierung von Definitionen sowie die Suche nach konkreten (Anker-) Beispielen aus dem Datenmaterial, die auch eine Abgrenzung der einzelnen Kategorien im Sinne von Kodierregeln möglich macht.

Beispiel:

Hauptkategorie „Das Selbstbewusstsein des Vaters hinsichtlich der Behinderung seines Kindes", untergeordnete Kategorie „Akzeptanz der Behinderung".

Erklärung:

Der Vater hat gelernt, mit der Behinderung umzugehen.

Ankerbeispiel:

> „Positiv habe ich von G. viel gelernt habe, dass bestimmte Vorstellungen, die ich im Leben habe, nicht unbedingt umsetzbar sind, dass ich nicht einen Sohn habe, der meinen Vorstellungen nicht entspricht, man lernt mit unerwarteten Situationen gelassener umzugehen, ein anderes Management seines Lebens zu machen. Ich finde das eigentlich sehr positiv, lernen kann ich, ruhiger zufriedener mit Lebenssituationen umzugehen, nicht immer zu glauben, ich muss noch etwas erreichen, und dass äußere Ziele nicht immer das Wichtige sind, sondern durchaus auch wichtiger ist, eine gute Beziehung, eine emotionale Beziehung zu anderen Menschen zu führen, das ist, was ich deutlich gelernt habe." (Anhang 1, Interview 13, S. 131)

Kodierregel:

Sie arbeitet den Unterschied zwischen zwei untergeordneten Kategorien heraus. Das im vorigen Abschnitt als Ankerbeispiel benutzte Zitat macht eine ganz andere Aussage als eine untergeordnete Kategorie „negative Auswirkungen von Behinderung auf das Leben".

Nach der Erstellung des kompletten Kategoriesystems entsprechend diesem Beispiel fand ein erster Materialdurchlauf mit der Bearbeitung und Extraktion der Fundstellen statt. Eine Revision des Kategoriesystems mit dem Resultat der Zusammenfassung einzelner Kategorien zu neu formulierten Kategorien sowie der Ergänzung um einzelne Kategorien (z. B. „Behinderung ist eine andere Form von Leben") anhand des Materials schloss sich nach der Analyse des zweiten Interviews an. Mayring beschreibt als sinnvollen Zeitpunkt für diese Revision die Durchsicht von circa 10 % des Datenmaterials.[80] Es folgt ein weiterer Durchlauf des gesamten Datenmaterials, dessen Resultate die Grundlage für die folgende Ergebnisaufbereitung, bezogen auf die (Haupt-) Kategorien, darstellen.

6.4 Das Kategoriensystem der qualitativen Inhaltsanalyse

Für die folgende Untersuchung wird das entwickelte und modifizierte Kategoriensystem der qualitativen Inhaltsanalyse vorgestellt:

Es wurden die folgenden fünf Hauptkategorien für die qualitative Inhaltsanalyse der Väter-Aussagen aufgestellt, jeweils für Väter mit akademischem sowie ohne akademischen Abschluss.

---

80 Vgl.: Mayring, Philipp: Einführung in die Qualitative Sozialforschung, S. 117, 2002

6.4.1 Das Kategoriesystem der qualitativen Inhaltsanalyse bezüglich der Aussagen der Väter

Väter mit akademischem Abschluß

Hauptkategorie 1:
Beruf

Flexible Arbeitszeiten:

- Verkürzte Arbeitszeiten.
- Variable Arbeitszeiten.

Unflexible Arbeitszeiten:

- Lange Anfahrtszeiten.
- Lange Arbeitszeiten.

Hauptkategorie 2::
Veränderungen im Leben bezüglich der Berufstätigkeit

Auswirkungen auf die Berufstätigkeit:

- Die Frau arbeitet halbtags.
- Ein Elternteil muss immer verfügbar sein.
- Die Frau hat ihren Beruf aufgegeben.

Keine Auswirkungen auf die Berufstätigkeit:

- Der Hausmann.

Hauptkategorie 3:
Die Beziehung innerhalb der Partnerschaft

Zusammenhalt innerhalb der Partnerschaft:

- Die Beziehung ist stärker geworden.
- Die Beziehung ist gefestigt.
- Der Partner steht an erster Stelle.

Belastungen innerhalb der Partnerschaft:

- Ein Elternteil alleine wäre mit einem behinderten Kind überfordert.
- Die Beziehung wird versachlicht.

Hauptkategorie 4:
Das Selbstbewusstsein des Vaters hinsichtlich der Behinderung seines Kindes

Akzeptanz der Behinderung:

- Das Leben mit einem behinderten Kind lehrt das Leben aus einem anderen Blickwinkel zu betrachten.
- Durch die Behinderung des Kindes eine positivere Lebenseinstellung entwickelt.

Keine Akzeptanz der Behinderung:

- Negatives Auswirken von Behinderung auf das Leben.

Hauptkategorie 5:
Das soziale Umfeld

Integration erfahren:

- Integration und Akzeptanz werden erfahren.
- Das soziale Umfeld leistet seinen Beitrag im Rahmen seiner Möglichkeiten.

Keine Integration erfahren:

- Es wurden keine negativen Erfahrungen gemacht.

Väter ohne akademischen Abschluss:

Hauptkategorie 1:
Beruf

Flexible Arbeitszeiten:

- Verständnisvollere Vorgesetzte.
- Verkürzte Arbeitszeiten.

Unflexible Arbeitszeiten:

- Schichtdienst.
- Saisongeschäft.

Hauptkategorie 2:
Veränderungen im Leben
bezüglich der Berufstätigkeit

Auswirkungen auf die Berufstätigkeit:

- Die Frau kann nicht mehr ihrer vollen Berufstätigkeit nachgehen.
- Die Frau hat ihren Beruf aufgegeben.

Keine Auswirkungen auf die Berufstätigkeit:

- Die Frau kann ihre Berufstätigkeit weiter ausüben.

Hauptkategorie 3:
Die Beziehung innerhalb der Partnerschaft

Zusammenhalt innerhalb der Partnerschaft:

- Die Beziehung ist intensiver geworden.
- Die Beziehung ist gefestigt.

Belastungen innerhalb der Partnerschaft:

- Es bleibt wenig Zeit für die Partnerschaft.

Hauptkategorie 4:
Das Selbstbewusstsein des Vaters hinsichtlich
der Behinderung seines Kindes

Akzeptanz der Behinderung:

- Der Vater kann mit der Behinderung umgehen.
- Der Vater hat sein Kind von Anfang an akzeptiert.
- Der Vater hat durch die Behinderung des Kindes eine positivere Lebenseinstellung entwickelt.

Keine Akzeptanz der Behinderung:

- Es gab keinen Vater, der die Behinderung noch nicht akzeptiert hat.

Hauptkategorie 5:
Das soziale Umfeld

Integration erfahren:

- Alle Väter haben keine Integration erfahren.

Keine Integration erfahren:

- Wunsch nach Integration.
- Vorgehen von Behörden.

6.4.2 Das Kategoriesystem der qualitativen Inhaltsanalyse bezüglich der Aussagen der pädagogischen Mitarbeiter

Pädagogische Fachkräfte mit mehreren Ausbildungen:

Hauptkategorie 1:
Einstellung zur geistigen Behinderung

Positive Einstellung:

- Behinderung ist eine andere Form von Leben.
- Menschen mit Behinderung werden nicht in Kategorien eingestuft.
- Die Arbeit mit geistig behinderten Menschen wird geschätzt.
- Die Gesellschaft muss Familien mit behinderten Angehörigen Toleranz und Unterstützung entgegenbringen.

Negative Einstellung:

- In dieser Hinsicht wurden keine Aussagen gemacht.

Hauptkategorie 2:
Die Hauptverantwortung bezüglich des Kindes

Bei der Mutter:

- Sie trägt mehr Verantwortung.
- Sie führt eher die Auseinandersetzung um die Behinderung.
- Sie trauert nicht lange.

Bei dem Vater:

- Er ist sehr engagiert.
- Er muss Verantwortung übernehmen.
- Er hat dieselben Aufgaben wie die Mutter.

Hauptkategorie 3:
Väter benötigen gesellschaftliche Unterstützung

Väter brauchen Unterstützung:

- Die gesellschaftliche Unterstützung für Väter ist erforderlich.
- Familien mit behinderten Kindern muss Toleranz und Unterstützung zuteil werden.

Väter brauchen keine Unterstützung:

- Hierzu wurden keine Aussagen gemacht.

Hauptkategorie 4:
Angebote der pädagogischen Fachkräfte zur Zusammenarbeit mit Vätern

Angebote sind ausreichend:

- Termine müssen so gelegt werden, dass Väter sie wahrnehmen können.

Angebote sind nicht ausreichend:

- Angebote müssen vermehrt gemacht werden.

Pädagogische Fachkräfte ohne mehrere Ausbildungen:

Hauptkategorie 1:
Einstellung zur geistigen Behinderung

Positive Einstellung:

- Teilhabe am Leben von behinderten Menschen ist von großer Bedeutung.
- Menschen mit Behinderung sollen sich akzeptiert fühlen.
- Die Zusammenarbeit mit geistig behinderten Kindern ist eine Freude.
- Der Interviewte ist mit einem behinderten Familienmitglied aufgewachsen.

Negative Einstellung:

- Hierzu wurden keine Aussagen gemacht.

Hauptkategorie 2:
Die Hauptverantwortung bezüglich des Kindes

Bei der Mutter:

- Sie will Verantwortung nicht abgeben.
- Sie soll sich neben der Betreuung andere Beschäftigungsmöglichkeiten suchen.

Bei dem Vater:

- Er hat dieselben Aufgaben wie die Mutter.
- Er entzieht sich der Verantwortung.

Hauptkategorie 3:
Väter benötigen gesellschaftliche Unterstützung

Väter brauchen Unterstützung:

- Gesellschaftliche Erwartungen und Normen zwingen Väter, sich der Verantwortung zu entziehen.
- Sie haben Angst vor sozialer Diskriminierung.

Väter brauchen keine Unterstützung:

- Hierzu wurden keine Aussagen gemacht.

Hauptkategorie 4:
Angebote der pädagogischen Fachkräfte
zur Zusammenarbeit mit Vätern

Angebote sind ausreichend:

- Engagierte Väter nehmen Hilfe in Anspruch.

Angebote sind nicht ausreichend:

- Angebote müssen vermehrt gemacht werden.

6.5 Der Interviewleitfaden

Die Fragestellungen, die in den Interviewleitfaden Eingang fanden, wurden mithilfe von entsprechender Fachliteratur entwickelt. Es wurden zwei Blöcke von Fragen zusammengetragen:

1) Fragen an die Väter zu folgenden Bereichen:

- Der Vater zwischen der Berufs- und der Eltern-Rolle
- Die Vater-Rolle
- Der Vater in der Partnerschaft
- Das Selbstbewusstsein des Vaters
- Der Vater und die Umwelt

2) Fragen an die pädagogischen Mitarbeiter zu folgenden Bereichen:

- Die Ausbildung/Qualifikation
- Die Konfrontation mit der Behinderung
- Die Väter

Die Interviews mit den Vätern wurden bis auf eine Ausnahme mit jedem Vater einzeln durchgeführt.

In einem Fall taten sich die Väter zusammen, weil sie sich gut kannten. Die durchschnittliche Dauer eines Interviews betrug 40 Minuten.

Die Interviews mit den Mitarbeitern wurden bis auf zwei Ausnahmen mit jedem Mitarbeiter einzeln durchgeführt. In beiden Fällen wurden zwei Mitarbeiter gemeinsam interviewt, da sie in derselben Einrichtung tätig sind. Obwohl keiner der Interviewpartner vorab die Fragen kannte, fanden alle Gespräche in einer sehr angenehmen und lockeren Atmosphäre statt.

Der komplette Interviewleitfaden befindet sich im Anhang.

6.6 Die Interviewteilnehmer

Dieser Abschnitt gibt eine kurze Übersicht über die insgesamt 20 Interviewteilnehmer der Befragung.

Die Auswahlkriterien für die Vätergruppe waren: Berufstätigkeit, bestehende eheliche Gemeinschaft sowie Vaterschaft für mindestens ein geistig behindertes Kind. Die Auswahlkriterien für die Gruppe der pädagogischen Mitarbeiter waren: Tätigkeit in einer Einrichtung für geistig behinderte Kinder, abgeschlossene pädagogische Ausbildung. Es bestanden Kontakte zu Familien geistig behinderter Kinder, die der Autor dieser Diplomarbeit während seines Zivildienstes betreut hatte. Alle zehn angesprochenen Väter sagten spontan und bereitwillig ihre Teilnahme an der Befragung zu, sie hielten alle ihre Zusagen ein.

Auf eine Beteiligung an der Befragung angesprochene Fachkräfte aus der Einrichtung, in der der Autor seinen Zivildienst geleistet hatte, sagten ebenfalls ihre Beteiligung zu und vermittelten den Kontakt zu Kolleginnen und Kollegen in anderen Einrichtungen, so dass dadurch eine Vielfalt an fachlichen Einrichtungen einbezogen werden konnte und auch zehn Fachpersonen gewonnen werden konnten.

Zehn Väter stellten sich für die Befragung zur Verfügung. Fünf von ihnen haben einen akademischen Abschluss. Davon haben zwei ein Pädagogik- bzw. Lehramtsstudium absolviert. Ein weiterer hat im Bereich der Medizin einen Abschluss vorzuweisen. Der vierte ist als Betriebswirt in der Erwachsenbildung tätig. Ein weiterer arbeitet als Architekt. Vier dieser Väter haben mehr als ein Kind, einer hat ausschließlich das Kind mit der geistigen Behinderung. Die anderen fünf interviewten Väter haben ebenfalls unterschiedliche Ausbildungen abgeschlossen: Motorradschlossermeister, Diplomrechtspfleger, Industriebuchbinder, Mautkontrolleur und technischer Angestellter. Auch in dieser Gruppe haben vier Väter mehr als ein Kind, einer hat nur das Kind mit der geistigen Behinderung. Arbeitslos ist keiner der zehn Väter.

Die beteiligten pädagogischen Mitarbeiter haben folgende Ausbildungsgänge absolviert: Sozialarbeit, Sozialpädagogik, Sonder- und Diplom-Pädagogik u.Ä. Fünf der zehn Befragten hatten neben einem der aufgeführten Ausbildungsgänge noch zusätzliche Ausbildungen abgeschlossen. Berufstätig waren sie in folgenden Einrichtungen: Frühförderung, Heim für schwerst mehrfachbehinderte Kinder, Beratungsstelle für unterstützte Kommunikation, Sonderschule für praktisch Bildbare. Sieben der zehn Fachkräfte sind selbst Vater oder Mutter von nicht behinderten Kindern. Keiner hat selbst ein behindertes Kind. Eine der Fachkräfte ist selbst mit einem taubstummen Kind aufgewachsen.

Die beteiligten Fachkräfte sind in keinem Fall auch die Betreuer der behinderten Kinder der beteiligten Väter.

Die verschriftlichten Interviews befinden sich im Anhang.

7 Die Ergebnisse der Untersuchung

7.1 Vorüberlegungen

Die im vorangegangenen Kapitel vorgestellte und favorisierte Auswertungstechnik ermöglicht, die Untersuchungsergebnisse transparent zu machen und sie zu interpretieren im Hinblick auf die Fragestellung. Das definierte Kategoriesystem bildet dabei den Schwerpunkt. Interviewauszüge helfen diesbezüglich, inhaltliche Ergebnisse zu verdeutlichen. Die Interpretationen der Untersuchungsergebnisse werden im Kapitel „Zusammenfassung" zu finden sein.

7.2 Textnahe Ergebnisdarstellung

Der folgende Abschnitt gilt den Antworten auf die Fragestellung des Interviewleitfadens, die die Väter gegeben haben.

7.2.1 Beruf hinsichtlich flexibler bzw. unflexibler Arbeitszeiten, bezogen auf Väter mit akademischem Abschluss

Die diesem Bereich zuzuordnenden Daten stammen aus der Beantwortung der ersten übergeordneten Fragestellung des Interviewleitfadens zu den Vor- und Nachteilen des Berufs von Vätern im Hinblick auf die Behinderung ihres Kindes.

„Welche Vor- und Nachteile bringt Ihnen der Beruf im Hinblick auf die Behinderung Ihres Kindes?" (Anhang 2, S. 140)

Diese Fragestellung beabsichtigt heraus zu finden, ob Väter aufgrund ihrer beruflichen Tätigkeit im Umgang mit ihrem behinderten Kind Präsenz zeigen oder nicht.

Die folgende tabellarische Darstellung gibt nun einen Überblick über die Häufigkeit der Nennung von flexiblen und unflexiblen Arbeitszeiten von Vätern hinsichtlich ihres Berufs.

Väter mit akademischem Abschluss (fünf Personen):

Hauptkategorie 1: Beruf
Flexible Arbeitszeiten: • Verkürzte Arbeitszeiten. 1 Nennung. • Variable Arbeitszeiten. 1 Nennung. *Unflexible Arbeitszeiten:* • Lange Anfahrtszeiten. 1 Nennung. • Lange Arbeitszeiten. 1 Nennung.

Flexible und unflexible Arbeitszeiten

Erklärung der Tabelle

1) Väter bewerten ihre berufliche Situation aufgrund flexibler Arbeitszeiten als positiv im Hinblick auf die Unterstützung ihrer Partnerinnen im Umgang mit ihren behinderten Kindern.

> „Eigentlich alle, weil ich ja dadurch, dass ich Lehrer bin, hab ich immer erstens dann Ferien, wenn die Kinder auch Ferien haben, d. h., wir überhaupt keine Probleme mit der Betreuung während der Ferienzeiten haben, und der andere Vorteil ist gewesen, dass ich immer da bin, wenn die Kinder auch aus der Schule kommen, eben auch in aller Regel ist es deckungsgleich normalerweise so, dass die Schulzeit bis ein Uhr ist, bei I. war es beispielsweise bis vier Uhr, das heißt, sie ist erst Viertel nach vier nach Hause gekommen, und da war ich in aller Regel bis auf ein, zwei Ausnahmen zu Hause." (Anhang 1, Interview 15, S. 134)

> „Ich würde mal sagen, die Vorteile sind die, dass wir damit relativ viel Geld verdienen und damit auch bei der Hilfsmittelversorgung zum Beispiel oder auch bei der Versorgung von Betreuungsleistungen relativ großzügig sein können, ist das eine wichtige, aber glaube ich noch ist die zeitliche Flexibilität, die ich habe, wo ich eben sagen kann, ich kann heute nicht ins Büro, weil mal wieder der L. krank ist, dann bleibe ich halt hier, wenn meine Frau an diesen Tagen arbeiten muss." (Anhang 1, Interview 12, S. 125)

2) Wegen langer Anfahrtszeiten bzw. Arbeitszeiten bleibt Vätern wenig Zeit, sich um ihre Kinder entsprechend zu kümmern.

> „Mein Beruf, der Ort ist in Frankfurt. Ich habe eine sehr lange Anfahrt, dort entstehen pro Tag alleine durch die Anfahrt dreieinhalb

Stunden Fahrzeit, und daraus ergibt sich sowohl morgens als auch abends natürlich sehr wenig Zeit. Das ergibt dann eine Über-60-Stunden-Woche." (Anhang 1, Interview 11, S. 122)

„Weil natürlich in der Zeit, in der ich in der Klinik gearbeitet habe, zu dieser Zeit war ich nicht zu Hause, stand nicht zur Verfügung, stand eigentlich nur nachts zur Verfügung." (Anhang 1, Interview 13, S. 129)

Zusammenfassung

Die zeitliche Flexibilität im Berufsalltag im Hinblick auf die Versorgung des Kindes ist von großer Bedeutung. Dies zeigen ganz klar die Interviewauszüge der betroffenen Väter. Allerdings geht ein Vater auf diese Fragestellung nicht ein.

7.2.2 Veränderungen im Leben bezüglich der Berufstätigkeit, bezogen auf Väter ohne akademischen Abschluss

Daten, die diesem Bereich zuzuordnen sind, stammen ebenfalls aus der Beantwortung der ersten übergeordneten Fragestellung des Interviewleitfadens (siehe Kapitel 7.2.1). Väter äußern sich über Veränderungen im Leben im Hinblick auf die Berufstätigkeit.

Die folgende tabellarische Darstellung gibt nun einen Überblick über die Häufigkeit der Nennung von Veränderungen hinsichtlich der Berufstätigkeit.

Hauptkategorie 2: Veränderungen im Leben bezüglich der Berufstätigkeit
Auswirkungen auf die Berufstätigkeit:
• Die Frau arbeitet halbtags. 2 Nennungen.
• Ein Elternteil muss immer verfügbar sein. 1 Nennung.
• Die Frau hat ihren Beruf aufgeben. 1 Nennung.
Keine Auswirkungen auf die Berufstätigkeit:
• Der Hausmann. 1 Nennung.

Auswirkungen bzw. keine Auswirkungen auf die Berufstätigkeit

Erklärung der Tabelle

Der Tabelle ist zu entnehmen, dass zwei Frauen nicht ihrer vollen Berufstätigkeit nachgehen können. In einem Fall heißt es, dass immer ein Elternteil verfügbar sein muss. Im Weiteren zeigt die Tabelle auf, dass eine Frau ihre berufliche Tätigkeit aufgeben musste. Abschließend verdeutlicht die Übersicht, dass nur ein Vater mit der Geburt des Kindes zu Hause geblieben ist. Damit hatte die Behinderung keine Auswirkungen auf die berufliche Situation der Eltern.

> „Weil ich den vollen Job mache und meine Frau halbtags macht, aber dass ich die Zeit, die ich habe, dafür verwende, dass in der Familie eben es auch läuft, dass ich mich nicht raus ziehe, gerade eben das Gegenteil versuche." (Anhang 1, Interview 11, S. 122)

> „(...) dann bleibe ich halt hier, wenn meine Frau an diesen Tagen arbeiten muss." (Anhang 1, Interview 12, S. 124)

> „Bei uns in der Familie ist es so, dass eine Person ständig zur Verfügung stehen muss." (Anhang 1, Interview 5, S. 103)

> „Das ist ein Problem durch die Familienstrukturen, die wir haben. Normalerweise ist es ja so, dass in der Familie in der Regel eine Arbeitsteilung herrscht, dass die Mutter sich mehr um den Haushalt kümmert und die Väter sich dem Beruf widmen, und das ist in meiner Familie so, dass meine Frau selber voll berufstätig an der Universität arbeitet, und das ging eben nicht so einfach, und wir haben uns gesagt, drei Kinder vorher, eine ältere Tochter, die gesund ist, dann wurde der G. geboren, was in den ersten Jahren sehr schwierig war, weil G. zum Teil wirklich rund um die Uhr 24 Stunden versorgen werden musste, was ich dann versuchte mir mit meiner Frau zu teilen, was eben dazu führte, dass einer aus dem Beruf aussteigen musste, und da ist meine Frau ausgestiegen, weil sie aufgrund ihrer beruflichen Struktur eher arrangieren konnte, nebenbei etwas zu arbeiten." (Anhang 1, Interview 13, S. 129)

> „Es ist bei mir ja ein bisschen anders, also nicht wie bei anderen Vätern. Ich hab ja so angefangen, ich war Hausmann, also als die I. geboren wurde, war ich zu Hause, ich habe die Kinderbeziehung zum größten Teil gemacht." (Anhang 1, Interview 15, S. 135)

Zusammenfassung

Die Tabelle hat aufgezeigt, dass in den meisten Fällen die Frauen ihren Beruf nicht voll ausüben können bzw. ihn sogar aufgeben müssen.

7.2.3 Die Beziehung innerhalb der Partnerschaft, bezogen auf Väter mit akademischem Abschluss

Daten, die diesem Bereich zuzuordnen sind, stammen ebenfalls aus der Beantwortung der Fragestellung des Interviewleitfadens über die Beziehung von Vätern zu ihren Frauen im Hinblick auf die Behinderung ihres Kindes.

„Was bedeutet Ihr behindertes Kind für Ihre Beziehung zu Ihrer Frau?"
(Anhang 2, S. 141)

Erklärung:

Diese Fragestellung soll Auskunft über die Partnerbeziehung von Eltern behinderter Kinder geben.

Die folgende tabellarische Darstellung zeigt die Beziehung von Eltern behinderter Kinder im Hinblick auf Belastungen bzw. Zusammenhalt innerhalb der Partnerschaft auf.

Hauptkategorie 3:
Die Beziehung innerhalbder Partnerschaft

Zusammenhalt innerhalb der Partnerschaft:

- Die Beziehung ist stärker geworden. 1 Nennung.
- Die Beziehung ist gefestigt. 1 Nennung.
- Der Partner steht an erster Stelle. 1 Nennung.

Belastungen innerhalb der Partnerschaft:

- Ein Elternteil alleine wäre mit einem behinderten Kind überfordert. 1 Nennung.
- Die Beziehung wird versachlicht. 1 Nennung.

Erklärung der Tabelle

1) Zwei Väter gaben an, dass ihre Beziehung durch die Behinderung ihres Kindes stärker bzw. gefestigter geworden ist. Ein Vater stellte die Partnerin in den Vordergrund.

> „Ja, also das Leben ist härter geworden, das stehen wir eigentlich gemeinsam durch, wie wir auch eigentlich früher alles gemacht haben. Wir stehen öfter an den Grenzen. Unsere Beziehung hat nicht gelitten, fast im Gegenteil, diese gemeinsame Erkenntnis, das ist, ein behindertes Kind zu haben und damit sich auseinander zu setzen, war auch eine Erfahrung. Und auch noch die Untersuchungen, in

Deutschland herum zu fahren, sich darum zu kümmern, das waren auch natürlich intensive Gespräche, wo man sich eigentlich intensiver kennen gelernt hat." (Anhang 1, Interview 11, S. 122)

„Also ich sehe die Beziehung gefestigt. Wir haben die Beziehung, die auch Höhen und Tiefen hat, wie das vermutlich in jeder anderen Beziehung auch ist. Probleme mit Kindern und Kindergarten. Diese Belastungssituationen sind ganz anders. Ich spreche jetzt nicht von Familien mit behinderten Kindern. Diese Höhen und Tiefen haben wir auch, was ich positiv finde oder toll, dass wir aus den Krisen immer wieder herauskommen, bei uns steht Trennung nicht zur Debatte, denke ich, und ich denke, meine Frau auch, und das nicht um Willen des Kindes. Bei vielen ist es so, dass sie sagen: Wir bleiben wegen der Kinder zusammen. Aber bei uns ist es nicht so, und ich hoffe, dass es dabei bleibt." (Anhang 1, Interview 5, S. 105)

„Primär ist mir der Partner wichtig, natürlich wackelt das irgendwann, wenn ich nicht mehr zur Verfügung stehe, dann bin ich das Ganze los, aber es kommt darauf an, jeder muss mit sich selbst ausmachen, wie wichtig ist mir eine Familie und wie ist meine Verantwortung." (Anhang 1, Interview 13, S. 130)

2) Für zwei Väter ist ihre Partnerschaft Belastungen ausgesetzt. Im ersten Fall erzählt ein Vater, dass ein Elternteil mit einem behinderten Kind alleine überfordert wäre. Man könnte durch diese Äußerung annehmen, dass der betroffene Vater seine Ehe aufgeben könnte, aber aufgrund des Kindes kann er es nicht. Der andere Vater erzählt, dass die Partnerschaft versachlicht wird.

„So sehe ich es, zumindest die Möglichkeit, sich zu trennen, gar nicht erwäge oder nicht erwägen kann, das ist ein Denken außen vor. Einer von uns käme mit L. alleine nicht zurecht." (Anhang 1, Interview 12, S. 126)

„Eigentlich gar nix, wobei es schon so ist, ich muss es ein bisschen relativieren, das ist natürlich ... die Kinder, also eine Bindung schon anders ist, weil sie wird versachlicht, da drüber ich habe schon oft darüber nachgedacht, dass die Beziehung nicht unbedingt aufrecht oder stabiler wird, aber sie hat einen festeren Grund, dadurch, dass ein behindertes Kind drinnen ist." (Anhang 1, Interview 15, S. 136)

Zusammenfassung

Drei gegenüber zwei Vätern sahen ihre Beziehung durch die Behinderung nicht beeinträchtigt. Sie äußerten sogar, dass sie intensiver geworden ist.

7.2.4 Das Selbstbewusstsein des Vaters hinsichtlich der Behinderung seines Kindes, bezogen auf Väter mit akademischem Abschluss

Daten, die diesem Bereich zuzuordnen sind, stammen ebenfalls aus der Beantwortung der Fragestellung des Interviewleitfadens über das Selbstbewusstsein des Vaters hinsichtlich der Behinderung des Kindes.

„Was bedeutet es für Sie, Vater eines behinderten Kindes zu sein?"
(Anhang 2, S. 142)

Erklärung:

Diese Fragestellung beabsichtigt heraus zu finden, wie Väter mit der Situation umgehen, dass ihr Kind eine Behinderung hat.

Die folgende tabellarische Darstellung gibt einen Überblick darüber, wie Väter mit der Behinderung ihres Kindes umgehen.

Hauptkategorie 4: **Das Selbstbewusstsein des Vaters hinsichtlich der Behinderung seines Kindes**
Akzeptanz der Behinderung: • Das Leben mit einem behinderten Kind lehrt das Leben aus einem anderen Blickwinkel zu betrachten. 1 Nennung. • Durch die Behinderung des Kindes wurde eine positivere Lebenseinstellung entwickelt. 1 Nennung. *Keine Akzeptanz der Behinderung:* • Negatives Auswirken von Behinderung auf das Leben. 1 Nennung.

Erklärung der Tabelle

1) Zwei Väter sind der Meinung, dass ihr behindertes Kind es ihnen ermöglicht hat, das Leben aus einem anderen Blickwickel zu sehen. Dies ist ein Signal dafür, dass sie die Behinderung angenommen und verarbeitet haben.

> „Positiv habe ich von G. viel gelernt habe, dass bestimmte Vorstellungen, die ich im Leben habe, nicht unbedingt umsetzbar sind, dass ich nicht einen Sohn habe, der meinen Vorstellungen nicht entspricht, man lernt mit unerwarteten Situationen gelassener umzugehen, ein anderes Management seines Lebens zu machen. Ich finde das eigentlich sehr positiv, lernen kann ich, ruhiger zufriedener mit

Lebenssituationen umzugehen, nicht immer zu glauben, ich muss noch etwas erreichen, und dass äußere Ziele nicht immer das Wichtige sind, sondern durchaus auch wichtiger ist, eine gute Beziehung, eine emotionale Beziehung zu anderen Menschen zu führen, das ist, was ich deutlich gelernt habe." (Anhang 1, Interview 13, S. 131)

„Gut, das Positive ist vielleicht, dass man mal belanglos ist, wo man eher früher oberflächlich, vielleicht man hat drei Kinder, lebt so vor sich hin. Durch die Behinderung des Kindes lernt man anders, sich zu bewegen. Diese gemeinsame Erkenntnis, das ist, ein behindertes Kind zu haben und damit sich auseinander zu setzen war auch eine Erfahrung. Und auch noch die Untersuchungen, in Deutschland herum zu fahren, sich darum zu kümmern, das waren auch natürlich intensive Gespräche, wo man sich eigentlich intensiver kennen gelernt hat. Es ist noch härter geworden im Vergleich zu normalen Familien. Allein der Weg, bis man sagen konnte, dass man ein behindertes Kind hat, bis man das sagen konnte, das war auch eine Erfahrung, die wir auch zusammen gemacht haben, bis wir das konnten." (Anhang 1, Interview 11, S. 122)

2) Zwei Väter sind der Auffassung, dass ein behindertes Kind sich nicht positiv auf das Leben auswirkt bzw. viel Leid mit sich bringt und viel Kraft erfordert. Daraus lässt sich schließen, dass er mit der Behinderung seines Kindes noch nicht gut umgehen kann bzw. dies noch nicht verarbeitet hat.

„Es ist überhaupt nichts Positives definitiv, das ist also Quatsch, und sich irgendetwas reinreden, das ist ein Haufen Arbeit, sehr viel Stress, andere Sorgen, noch mehr Sorgen... es ist eine Einschränkung." (Anhang 1, Interview 15, S. 136)

Zusammenfassung

Das Bild dieser Thematik ist eindeutig. Zwei Väter gegenüber einem haben von der Lebenssituation mit ihren behinderten Kindern positive Schlüsse ziehen können. Zwei Väter gehen auf die Frage nicht ein.

7.2.5 Das soziale Umfeld, bezogen auf Väter mit akademischem Abschluss

Daten, die diesem Bereich zuzuordnen sind, stammen ebenfalls aus der Beantwortung der Fragestellung des Interviewleitfadens, wie Väter vom sozialen Umfeld wahrgenommen werden.

> *„Was wünschen Sie sich von Ihrem sozialen Umfeld?" (Anhang 2, S. 142)*

Erklärung:

Diese Fragestellung beabsichtigt heraus zu finden, ob Väter vom sozialen Umfeld Integration erfahren oder nicht, wie in der folgenden Tabelle zusammengefasst ist:

Hauptkategorie 5: Das soziale Umfeld
Integration erfahren: • Integration und Akzeptanz werden erfahren. 4 Nennungen. • Das soziale Umfeld leistet seinen Beitrag im Rahmen seiner Möglichkeiten. 1 Nennung.
Integration nicht erfahren: • Es wurden keine negativen Erfahrungen gemacht.

Erklärung der Tabelle

In vier Fällen haben Väter ausgesagt, dass sie sich vom Umfeld integriert fühlen. In einem Fall wird an gegeben, dass das Umfeld im Rahmen seiner Möglichkeiten einen Beitrag leistet.

> „Also wir haben schon ein tolles soziales Umfeld, muss man so sagen, weil wir die Eltern noch haben, die es auch erkennen, wenn wir erschöpft sind, und uns etwas abnehmen. Das ist schon toll, wie sie damit umgehen. Das nächste ist, dass man durch die Behinderung Leute kennen gelernt hat oder auch neue Leute kennen lernt, die eher damit umgehen können. Das kommt natürlich auch mit dazu, dass man da bestimmt den Freundeskreis ändert." (Anhang 1, Interview 11, S. 123)

> „Eigentlich nichts, eigentlich nichts, ich würde sagen, unser Staat ist sehr, sehr hilfsbereit, sehr, sehr großzügig in der Hinsicht, was wir

für Hilfsleistungen für den L. bekommen, was für Angebote es von der Schule gibt, ich glaube nicht, dass es das so in vielen Staaten gibt, da bin ich dafür sehr dankbar und freue mich darüber. Von den Verwandten ist es so, dass zum einen die Verwandten, die wir haben, alle weiter weg wohnen, und zähle auch meine Freunde, die hier in der Nähe wohnen, mit zu Freunden, die wir haben, können das nicht leisten, was wir erwarten. Unsere Familie leistet im Rahmen ihrer Möglichkeiten, was sie können." (Anhang 1, Interview 12, S. 127)

„(Lacht ...) Eigentlich nicht, ganz ehrlich, unser Umfeld jetzt hier, das ist also aufgeschlossen, relativ normal, keine Aversionen, keine Ressentiments, von staatlicher Seite sowieso nicht, wir haben alles wunderbar geregelt, keine Probleme mit der Krankenkasse bislang, keine Probleme mit irgendwelchen Versorgungsleistungen." (Anhang 1, Interview 15, S. 137)

„In meinem Freundeskreis habe ich nicht erlebt, dass sich nur auch einer abgewandt hat, das haben wir auch von unseren Freunden erwartet, das hat geklappt, hätte die Beziehung auch nicht gestimmt. Es war eigentlich selbstverständlich, denn er wurde mit integriert, es hat gar nicht so große Schwierigkeiten gegeben bei uns, muss ich sagen." (Anhang 1, Interview 13, S. 131)

„Vielleicht kann ich nachher Beispiele bringen. Sage ich jetzt mal: Bei uns in der Nachbarschaft empfinde ich es auch als positiv. Die Nachbarn freuen sich, dass das Kind laufen lernt. Sie sprechen mich drauf an, manchmal sogar fremde Menschen im Dorf, dass sie sagen: Ach der F. kann schon so toll laufen. Ist für mich ein ungeheures Aha-Erlebnis. Hängt aber auf der anderen Seite damit zusammen, denke ich, wie ich mit der Situation umgehe, wie ich mit F. in der Öffentlichkeit umgehe." (Anhang 1, Interview 5, S. 104)

Zusammenfassung

Hier herrscht ein eindeutiges Bild. Die Mehrheit der Väter gibt an, dass sie sich von der Gesellschaft akzeptiert und integriert fühlt.

7.2.6 Beruf hinsichtlich flexibler bzw. unflexibler Arbeitszeiten, bezogen auf Väter ohne akademischen Abschluss

Väter ohne akademischen Abschluss (fünf Personen):

Hauptkategorie 1:
Beruf

Flexible Arbeitszeiten:

- Verständnisvollere Vorgesetzte. 1 Nennung.
- Verkürzte Arbeitszeiten. 1 Nennung.

Unflexible Arbeitszeiten:

- Schichtdienst. 2 Nennungen.
- Saisongeschäft. 1 Nennung.

Erklärung der Tabelle

1) Der Übersicht ist zu entnehmen, dass auf der Ebene der flexiblen Arbeitszeiten zwei Nennungen zu verzeichnen sind, einerseits durch verständnisvollere Vorgesetzte und andererseits durch verkürzte Arbeitszeiten.

> „Also, in meiner Berufslaufbahn hat die Behinderung oder die Pflege für meine behinderte Tochter keinen Einfluss gehabt. Vorteile habe ich insoweit, dass ich dadurch, dass ich im öffentlichen Dienst tätig bin, ja durch die Regularien, die bestehen, und, ja, ich meine, durch verständnisvollere Vorgesetzte als, sage ich mal, in der Privatwirtschaft, ich sehr spontan reagieren kann, wenn im Familienalltag meine Hilfe gebraucht wird.“ (Anhang 1, Interview 16, S. 138)

> „Es war auch einerseits - muss ich dazu sagen - gut, ich hab damals Wechseldienst gemacht. Das war für meinen Sohn ideal, weil ich immer einen halben Tag zu Hause war.“ (Anhang 1, Interview 3, S. 95)

2) Die Tabelle zeigt, dass in der Frage der unflexiblen Arbeitszeiten im Hinblick auf den Beruf drei Nennungen zu verzeichnen sind. Die Nennungen verteilen sich auf Schichtdienste und Saisongeschäft.

> „Im Hinblick auf mein Kind ist halt eben so, dass es ein Saisongeschäft ist. Und in den Sommermonaten ist es so, dass ich dadurch, dass ich Meister in der Motorradwerkstatt bin, relativ stark eingespannt bin. Arbeitszeiten habe auch von 6 Uhr bis 18 Uhr. Und morgens das Kind schon Richtung Schule geht, ich dann erst abends spät nach Hause komme.“ (Anhang 1, Interview 14, S. 132)

„Ja, also, da ich Schicht arbeiten muss, ist halt so, dass ich halt nicht immer da bin." (Anhang 1, Interview 4, S. 99)

„Bei mir war der Nachteil, dass ich manche Stellen gar nicht annehmen konnte, weil es in meinem Beruf Schicht gibt." (Anhang 1, Interview 3, S. 94)

Zusammenfassung

Das Endergebnis zeigt, dass das Verhältnis in der Nennung der Häufigkeit von unflexiblen bzw. flexiblen Arbeitszeiten fast ausgeglichen ist. Drei Nennungen beziehen sich auf die Ebene der unflexiblen Arbeitszeiten gegenüber zwei auf der Ebene der flexiblen Arbeitszeiten.

7.2.7 Veränderungen im Leben bezüglich der Berufstätigkeit bezogen auf Väter ohne akademischen Abschluss

Hauptkategorie 2: Veränderungen im Leben bezüglich der Berufstätigkeit
Auswirkungen auf die Berufstätigkeit: • Die Frau kann nicht mehr ihrer vollen Berufstätigkeit nachgehen. 1 Nennung. • Die Frau hat ihren Beruf aufgegeben. 2 Nennungen. *Keine Auswirkungen auf die Berufstätigkeit:* • Die Frau kann ihre Berufstätigkeit weiter ausüben. 2 Nennungen.

Erklärung der Tabelle

1) Die Tabelle zeigt, dass die Frauen nicht ihrer vollen Berufstätigkeit nachgehen können bzw. sie sogar aufgeben müssen. Dies verteilt sich wie folgt: Zwei Frauen müssen ihren Beruf aufgeben, während eine nicht mehr Vollzeit arbeitet.

„Aufgrund der Behinderung unserer Tochter hat meine Frau jegliche Berufstätigkeit aufgegeben, also meine Rolle ist letztendlich zwiegespalten, ich bin verantwortlich, durch meine Berufstätigkeit für das Familieneinkommen zu sorgen, und bin natürlich auch für die Dauer der Arbeitszeit nicht für die Familie verfügbar." (Anhang 1, Interview 16, S. 138)

„Wir versuchen, das gleich aufzuteilen, obwohl schon die meisten Sachen bei der B. Hängen bleiben, weil B. am meisten zuhause ist." (Anhang 1, Interview 4, S. 100)

„(...) aufgrund der Behinderung unserer Tochter hat meine Frau jegliche Berufstätigkeit aufgegeben." (Anhang 1, Interview 16, S. 138)

2) In zwei Fällen hat die Behinderung des Kindes keine Auswirkungen auf den Beruf der Eltern.

„(....) Ich hab damals Wechseldienst gemacht." „(....) Ich konnte mich mit meiner Frau abwechseln." (Anhang 1, Interview 3, S. 94)

„Und da meine Frau als Krankenschwester auch Schicht arbeitet, wäre das gar nicht gegangen. Also ich musste mir Stellen suchen, wo es quasi Bürozeiten gab." (Anhang 1, Interview 3, S. 94)

Zusammenfassung

Anhand der Tabelle ist deutlich, wenn auch knapp zu erkennen, dass Frauen häufig ihren Beruf aufgeben müssen.

7.2.8 Die Beziehung innerhalb der Partnerschaft, bezogen auf Väter ohne akademischen Abschluss

Hauptkategorie 3: Die Beziehung innerhalb der Partnerschaft
Zusammenhalt innerhalb der Partnerschaft: • Die Beziehung ist intensiver geworden. 1 Nennung. • Die Beziehung ist gefestigt. 1 Nennung.
Belastungen innerhalb der Partnerschaft: • Es bleibt wenig Zeit für die Partnerschaft. 2 Nennungen.

Erklärung der Tabelle

Hier herrscht ein ausgeglichenes Bild: Zwei Nennungen betreffen den vorhandenen Zusammenhalt in der Partnerschaft. Ebenfalls zwei Nennungen bedauern, dass die Partnerschaft wegen der zeitlichen Aufwendungen für das behinderte Kind leidet. Der fünfte Interviewpartner geht auf diese Fragestellung nicht ein.

„Ich muss sagen, wir haben uns gar nicht so großartig abgesprochen. Ich denke, wir haben einfach den gleichen Konsens und das funktioniert." (Anhang 1, Interview 3, S. 96)

„Die Frage ist ein bisschen spekulativ, weil ich nicht absehen kann, wie sich unsere Beziehung entwickelt hätte, wenn wir nicht ein behindertes Kind gehabt hätten. Ich denke, als Partner ist man gezwungen, intensiv miteinander zu versuchen, die emotionalen Höhen und Tiefen gemeinsam zu bewältigen, gemeinsam Probleme zu lösen, und es hat bei uns dazu geführt, nach meiner Einschätzung, dass unsere Beziehung dadurch gestärkt wurde. Ich bin glücklich darüber. Es hätte genauso dazu führen können, dass die Beziehung geschwächt wird." (Anhang 1, Interview 16, S. 138)

„Ich denke, dass sich unsere Beziehung gefestigt hat. Bei vielen, die wir so kennen gelernt haben in der Szene, war das so. Viele in der Zeit haben sich scheiden lassen, bei uns ist es eher umgekehrt gewesen." (Anhang 1, Interview 4, S. 101)

Zusammenfassung

Die Interviewpartner beschreiben die Beziehung innerhalb der Partnerschaft als etwas Wesentliches, selbst wenn sich dies nicht so gut realisieren lässt, weil das behinderte Kind viel zeitlichen Aufwand verlangt. Einer der fünf Befragten äußert sich zu dieser Thematik nicht.

7.2.9 Das Selbstbewusstsein des Vaters hinsichtlich der Behinderung seines Kindes, bezogen auf Väter ohne akademischen Abschluss

Hauptkategorie 4: Das Selbstbewusstsein des Vaters hinsichtlich der Behinderung seines Kindes
Akzeptanz der Behinderung: • Der Vater kann mit der Behinderung umgehen. 1 Nennung. • Der Vater hat sein Kind von Anfang an akzeptiert. 1 Nennung. • Der Vater hat durch die Behinderung des Kindes eine positivere Lebenseinstellung entwickelt. 2 Nennungen.
Keine Akzeptanz der Behinderung: • Es gab keinen Vater, der die Behinderung noch nicht akzeptiert hat.

Erklärung der Tabelle

Hier ist ein eindeutiges Bild zu verzeichnen. Die Väter haben die Behinderung akzeptiert bzw. haben eine positivere Lebenseinstellung entwickelt.

> „Und das war eine Situation, das wahrzunehmen, das zu verarbeiten! Und wir haben auch lange gebraucht. Inzwischen sind 19 Jahre vorbei, wir können leicht darüber reden. Nur die Schmerzen, Frustration, die diese Entwicklung mit sich bringt. Aber auch genauso wie die Freuden mit einem behinderten Kind. Aber wie die Leute es sehen, dass wir ein behindertes Kind haben, bereitet mir keine Probleme." (Anhang 1, Interview 16, S. 139)

> „Nö, ich muss sagen, dass bei uns, weil meine Frau und ich mit dieser Behinderung von unserer Tochter überhaupt nicht versteckt geblieben sind ... Wir haben gesagt, es ist behindert." (Anhang 1, Interview 14, S. 133)

> „Ja, ich habe dadurch, durch D., unheimlich viele Leute kennen gelernt, die ich heute nicht mehr missen möchte. Es sind Gespräche entstanden und Freundschaften oder Beziehungen entstanden, die klasse waren, zum Beispiel zu den Lehrern. Er ist drei Jahre aus der Schule, aber der Kontakt zu ihnen besteht noch. Wir waren in der Schule sehr engagiert, wir kamen mit vielen Menschen in Kontakt. Jetzt packe ich die Behinderten ganz anders an oder ich kann ganz

anders umgehen heute, wenn ich mit Behinderten zusammen bin, ist Normalität. Früher wäre ich wahrscheinlich vorsichtig gewesen." (Anhang 1, Interview 4, S. 101)

„Man sieht die Welt oft mit anderen Augen. Man setzt ganz andere Prioritäten, auch die Problematiken auf jeden Menschen, sei es in beruflicher Beziehung, die bekommen eine andere Wichtigkeit und ganz andere Prioritäten, weil - ich weiß es gar nicht, wie ich es ausdrücken soll - also überspitzt gesagt würde ich sagen: Es war ein Geschenk, so ein Kind zu bekommen, weil ich denke, ich würde auch meine Frau - ich würde die Welt nicht mit diesen Augen sehen, wenn ich ein gesundes Kind hätte oder nur gesunde Kinder einfach. Was ich durch E. lernen musste, wo ich ihr sehr dankbar bin." (Anhang 1, Interview 3, S. 96)

Zusammenfassung

Vier Väter haben die Behinderung des Kindes akzeptiert und können dadurch die Welt mit anderen Augen betrachten. Ein Vater geht auf Frage nicht ein.

7.2.10 Das soziale Umfeld, bezogen auf Väter ohne akademischen Abschluss

Hauptkategorie 5: Das soziale Umfeld
Integration erfahren: • Hierzu sind keine Nennungen erfolgt. *Keine Integration erfahren:* • Wunsch nach Integration. 3 Nennungen. • Vorgehen von Behörden. 2 Nennungen.

Erklärung der Tabelle

Hier herrscht ebenso ein klares Bild: Alle fünf Väter wünschen sich ein wesentlich besseres Entgegenkommen vom sozialen Umfeld.

„Ich möchte gerne, dass mir jemand die Arbeit abnimmt. Eigentlich sind sie für uns da und nicht umgekehrt." (Anhang 1, Interview 3, S. 98)

„Und zwar, dass wir mit Behörden, Krankenkassen oder ähnlichen Institutionen - dass wir da einfach in Ruhe gelassen werden würden Das fängt an, wenn die Windeln nicht mehr passen, weil man im

Sanitätshaus, mit den Krankenkassen Arbeit, Energien rein steckt, die eigentlich unser Kind braucht. Das ist, was mich am meisten ärgert. Man hat sowieso seinen Schaff und ist belastet ohne Grenzen. Krankenkassen oder Behörden wissen z. B., dass – bei einem behinderten Kind ändert sich nichts groß – und jedes Mal neue Anträge von vorne, Ablehnung und Widerspruch und man muss so viel Energie da rein stecken, um das, was einem eigentlich gesetzlich zusteht, zu bekommen. Eigentlich würde ich erwarten, dass der Gesetzgeber sagt: So ist schlimm genug, dass Sie so ein Kind haben. Das und das steht Ihnen per Gesetz zu. Aber es ist so, dass man um alles kämpfen muss, und das kostet so viel Energien, und diese Energien hat man, weiß Gott, nötiger für sein Kind und sich. Das ist ein Riesenwunsch von mir, wenn da die Institution einfach mal da ein Auge drauf hätte, wenn sie mal dafür Verständnis hätte und man nicht immer wieder von vorne anfangen muss." (Anhang 1, Interview 3, S. 98)

„Ja, soziales Umfeld mehr Verständnis für die Lage von den Eltern. Die Lage von den Eltern wird meistens unterschätzt, also von Arbeitgebern und von Arbeitskollegen her, das war das Schwierigste, seit der D. da ist, es ist heute noch so." (Anhang 1, Interview 4, S. 102)

„Ich habe gesagt, ich freue mich nicht darüber. Ich kann es nicht ändern, ich muss es hinnehmen, vielleicht. Auch mit Enttäuschungen lebe ich seit einigen Jahren genauso wie meine Frau. Was wir wünschen: dass mehr Resonanz kommt. Aber ich habe ein Stück weit Verständnis, weil ich weiß, wie schwierig es ist, sich schmerzhaft damit auseinandersetzen zu müssen, wenn man ein behindertes Kind oder einen behinderten Enkel hat." (Anhang 1, Interview 16, S. 139)

„Ich wünsche mir, dass die Leute es einfach akzeptieren, dass wenn wir irgendwo sitzen mit unserer Tochter, dass sie integriert wird, dass sie akzeptiert wird von Nachbarn und Familie. Sonst wünsche ich mir nichts." (Anhang 1, Interview 14, S. 133)

Zusammenfassung

Alle Väter wünschen sich vom sozialen Umfeld Akzeptanz und Integration.

Hinweis:

Die dem jetzt folgenden Abschnitt zugeordneten Daten beziehen sich auf die Fragestellungen des Interviewleitfadens, die die pädagogischen Fachkräfte beantwortet haben.

7.2.11 Einstellung zur geistigen Behinderung, bezogen auf Mitarbeiter mit mehreren Ausbildungen

„Was geht Ihnen durch den Kopf, wenn Sie Menschen mit einer geistigen Behinderung auf der Straße sehen?“ (Anhang 2, S. 143)

Diese Fragestellung beabsichtigt heraus zu finden, wie die Einstellung von pädagogischen Fachkräften gegenüber geistiger Behinderung ist.

Pädagogische Fachkräfte mit mehreren Ausbildungen (fünf Personen)

Hauptkategorie 1: Einstellung zur geistigen Behinderung
Positive Einstellung: • Behinderung ist eine andere Form von Leben. 1 Nennung. • Menschen mit Behinderung werden nicht in Kategorien eingestuft. 1 Nennung. • Die Arbeit mit geistig behinderten Menschen wird geschätzt. 1 Nennung. • Die Gesellschaft muss Familien mit behinderten Angehörigen Toleranz und Unterstützung entgegenbringen. 1 Nennung.
Negative Einstellung: • In dieser Hinsicht wurden keine Aussagen gemacht.

Erklärung der Tabelle

Es gibt sich ein ganz eindeutiges Bild: Vier Fachkräfte äußern sich über die geistige Behinderung sehr positiv, eine negative Einstellung wird bei niemanden sichtbar.

> „Ich bin mit „UK“ in Verbindung gekommen in den USA, und da auch gleich mit geistiger Behinderung, und hatte da eine Frau, mit der ich ehrenamtlich zusammengearbeitet habe, und sie und hatte eine ganz positive Einstellung zu geistig Behinderten.[78] Und das hat

[78] „UK“ ist die Abkürzung für Unterstützte Kommunikation. „Ziel der UK ist die Verbesserung der kommunikativen Möglichkeiten von Menschen, die Probleme haben, Lautsprache zu verstehen, oder selbst nur schwer verständlich bzw. gar

sich auf mich wie eine Infektion übertragen. Das war wirklich wie ein tolles Erlebnis. Man kann meiner Meinung nach wirklich dadurch an-Vorbilder übernehmen. Also zum Beispiel - wenn wir also losgezogen sind und wollten ein Kind besorgen oder irgendwie die Problematik behandeln, dann hat sie mir vorher im Auto erklärt, um was für ein Kind sich handelt, dann war so ihr Standardsatz: Oh, wir sehen heute einen ganz interessanten Studenten, wobei Studenten auf Amerikanisch heißt ‚Schüler allgemein'. Und das waren dann manchmal ganz erbärmliche Kreaturchen, aber sie war so positiv eingestellt und bei mir übertragen." (Anhang 1, Interview 2, S. 92)

„Manchmal ist es - Behinderung hat für mich mittlerweile einen anderen Stellenwert. Früher hätte ich da eher Berührungsängste gehabt, hätte den Blickkontakt irgendwie vermieden, hätte mich wahrscheinlich ausweichend verhalten. Aber habe das für mich nicht mehr so - mit Behinderung - mein Anspruch ist immer, keine Bewertung zu haben, Behinderung ist für mich eine andere Form von Leben, aber nicht irgendwie: Der hat aber Defizite oder so was." (Anhang 1, Interview 6, S. 106)

„Ich versuche, unabhängig zu bleiben von fachlichen Gedanken, also ich versuche, die Menschen nicht zu sortieren nach liegt jemand mit dieser oder jener Behinderung." (Anhang 1, Interview 9, S. 116)

„Ich sehe immer ganz schnell diese Eltern-Kind-Beziehung, also das geht mir immer durch den Kopf, auch so oder wie sich dann dieses Kind fühlt oder sich die Eltern fühlen, also wenn sie meinetwegen mit einem Downsyndrom-Kind da sitzen, und ja, was, wie ist diese Konstellation, wie fühlen sie sich in unserer Gesellschaft, die dann so auch doch ablehnend ist oder sein kann." (Anhang 1, Interview 9, S. 116)

Zusammenfassung

Fast alle Befragten trugen vor, dass sie eine positive Einstellung zur geistigen Behinderung haben. Niemand äußerte, dass er behinderte Menschen ablehne.

---

nicht sprechen können." (Quelle: Broschüre der Arbeitsstelle Frühförderung Hessen: Unterstützte Kommunikation. Beratung in der Frühförderung, S. 25, 2005)

7.2.12 Die Hauptverantwortung bezüglich des Kindes, bezogen auf Mitarbeiter mit mehreren Ausbildungen

Die diesem Bereich zu zuordneten Daten stammen aus der Beantwortung der Fragestellung des Interviewleitfadens, welche Aufgaben Väter haben.

„Welche Aufgaben haben Väter?“ (Anhang 2, S. 143)

Die Folgende tabellarische Darstellung gibt Auskunft über die Aufgabenverteilung von Eltern behinderter Kinder hinsichtlich der Versorgung ihres Kindes.

Hauptkategorie 2:
Die Hauptverantwortung bezüglich des Kindes

Bei der Mutter:

- Sie trägt mehr Verantwortung. 2 Nennungen.
- Sie führt eher die Auseinandersetzung um die Behinderung. 1 Nennung.
- Sie trauert nicht lange. 1 Nennung.

Bei dem Vater:

- Er ist sehr engagiert. 1 Nennung.
- Er muss Verantwortung übernehmen. 1 Nennung.
- Er hat dieselben Aufgaben wie die Mutter. 2 Nennungen.

Erklärung der Tabelle hinsichtlich der Mutter:

Fast alle Fachkräfte sind der Meinung, dass Mütter mehr Verantwortung für ihr Kind übernehmen als Väter. Sie suchen die Auseinandersetzung und trauern nicht lange.

> „Ich denke, das sind nach wie vor aber mehr Mütter, die bereit sind, den Weg des Kindes mit zu begleiten.“ (Anhang 1, Interview 9, S. 116)
>
> „Ich weiß es nicht. Man sagt ja, dass Frauen irgendwie, wenn es darauf ankommt, irgendwie schneller zum Alltag übergehen können, tatkräftiger sein können, dass sie vielleicht gar nicht so hohe Ansprüche haben an ihren Stolz oder irgendwas. Ja, einfach schneller sagen können: So ist es, jetzt wird die Sache in die Hand genommen.“ (Anhang 1, Interview 2, S. 94)

„(lacht) Wenn ich das wüsste. Ich habe manchmal das Gefühl, dass Männern oder Vätern das Werkzeug dafür fehlt. Weiß nicht, es sind natürlich große Fragen, finde ich. Irgendwie liegt das an der Erziehung, oder - wie vieles - an den Umweltfaktoren, eigene Vorstellungen in den Frauen: „Was muss ein Mann können?", oder bei Müttern: „Wie erziehe ich meinen Sohn?". Ich glaube, das ist schon entscheidend, um da eine Auseinandersetzung führen zu können, ich weiß es nicht, irgendwie sind Frauen da - haben mehr Werkzeuge, um da Auseinandersetzungen zu führen." (Anhang 1, Interview 6, S. 108)

„(....) Ich denke, die Frauen sind in den Familien wahrscheinlich sowieso die stärkeren Partner, und daher ist es das Allerwichtigste, dass die Mutter wirklich alles versteht und mitmacht." (Anhang 1, Interview 2, S. 92)

Erklärung der Tabelle hinsichtlich des Vaters

Zwei Fachkräfte machen klar, dass Väter dieselben Aufgaben haben wie die Mutter. In einem Fall werden Väter als sehr engagiert bezeichnet. In einem weiteren wird an Väter appelliert, dass sie mehr Verantwortung übernehmen sollen.

„(...) anders machen können als Frauen, ich denke, sie sollten sich dem Aufgabenbereich der Frauen dann auch nähern, im Kindergarten schon mit zu den Elternabenden, in der Schule dann auch dieses Sich-in-der-Öffentlichkeit-Präsentieren mit diesem Kind, diese Scheu ablegen, jetzt ja sich mit dem behinderten Kind zu zeigen." (Anhang 1, Interview 9, S. 117)

„Für mich ist es wichtig, die Väter zu informieren, also wenn das so ist, dann ist es für mich wichtig, die Väter zu informieren, über das Kind, die Belange des Kindes, über die Bedürfnisse des Kindes, über den gesundheitlichen Zustand des Kindes. Und ihn in allen Fragen und Angelegenheiten einzubeziehen, und mit ihm abzusprechen, welche Verantwortlichkeiten werden von welchen Seiten übernommen? Also was kann der Vater an Verantwortung übernehmen und will er auch?" (Anhang 1, Interview 6, S. 107)

„Ich würde die Aufgaben von Vätern behinderter in Bezug auf Väter nicht behinderter Kinder nicht unterscheiden. Es hat in den letzten Jahrzehnten eine Verschiebung dahin gegeben, dass Väter ja mehr in die Erziehung einbezogen sind, und es gibt ja die Situation, dass Väter Vaterschaftsurlaub nehmen können und Mütter arbeiten." (Anhang 1, Interview 7, S. 110)

„Da habe ich gemerkt, dass die Väter ein ganz großes Problem hatten in der Regel, die habe ich oft nicht gesehen, die kamen nicht zu

Elternabenden, das war alleine die Sache der Mütter, diese Sache zu tragen, die Sache mit dem behinderten Kind zu tragen." (Anhang 1, Interview 9, S. 116)

Zusammenfassung

Die Befragung ergibt ein eindeutiges Bild: Die Fachkräfte verlangen und erwarten mehr Verantwortung von den Vätern für ihr Kind. Nur in einer Antwort wird ausgedrückt, dass der Vater als sehr engagiert erlebt wird.

7.2.13 Väter benötigen gesellschaftliche Unterstützung, bezogen auf Mitarbeiter mit mehreren Ausbildungen

Die diesem Bereich zugeordneten Daten stammen aus der Beantwortung der Fragestellung des Interviewleitfadens, ob sich Väter ihrer erzieherischen Verantwortung entziehen und woran das liegt?

„Entziehen sich Väter ihrer erzieherischen Verantwortung? Woran liegt das Ihrer Ansicht nach?" (Anhang 2, S. 143)

Hauptkategorie 3:
Väter benötigen gesellschaftliche Unterstützung

Väter brauchen Unterstützung:

- Die gesellschaftliche Unterstützung für Väter ist erforderlich. 1 Nennung.
- Familien mit behinderten Kindern muss Toleranz und Unterstützung zuteil werden. 1 Nennung.

Väter brauchen keine Unterstützung:

- Hierzu wurden keine Aussagen gemacht.

Erklärung der Tabelle

Zwei Fachkräfte sind der Auffassung, dass Väter gesellschaftliche Unterstützung brauchen, um ihre Vaterrolle selbstbewusster leben zu können. Nur so können sie ihr Kind und ihre Familie unterstützen. Drei Fachkräfte haben hierzu keine Aussage gemacht, ob sie einen Zusammenhang zwischen der gesellschaftlichen Unterstützung von Vätern in ihrer erzieherischen Verantwortung und ihrer Wahrnehmung ihrer Vaterrolle gegenüber ihrem behinderten Kind sehen.

„Ich glaube, aber zunächst ist es kein pädagogisches Problem, sondern ein gesellschaftliches. In Ländern wie in Skandinavien, wo die Toleranz behinderten Menschen gegenüber sehr viel höher ist, da ist rein statistisch auch der Anteil behinderter Kinder höher. Die Väter nehmen viel mehr Anteil am schulischen Leben, am pädagogischen Leben in der Öffentlichkeit. Und solange wir es nicht schaffen, diesen stigmatisierenden Blick wie hier in Deutschland gesellschaftlich zu bekämpfen, dann wird es ganz schwer sein, Eltern von dieser Scham, ein behindertes Kind zu haben, zu befreien." (Anhang 1, Interview 9, S. 117)

„Ich glaube, das hängt mit dem Selbstwertgefühl. Man erwartet in einer solchen Gesellschaft, dass, wenn man sich produziert, ein ganz tolles Ergebnis hat, und wenn das Ergebnis nicht so toll ist, ist das eine Verletzung, und diese Verletzung ist ganz schwer zu verkraften und besonders für die Väter schwer zu verkraften, die ja immer noch diese Vertretung nach außen inne haben. Das ist ein schwieriges Problem auch, und deshalb gibt es nur diese Veränderung durch einen gesellschaftlichen Prozess, Öffnungsprozess. Man kann nicht mal den Vätern den Vorwurf machen, sich da entzogen zu haben, solange unsere Gesellschaft so ein tolles Produkt erwartet. Wir funktionieren in dieser Gesellschaft." (Anhang 1, Interview 9, S. 118)

Zusammenfassung

Zwei der befragten Fachkräfte stellten einen Zusammenhang her zwischen der Not von Vätern hinsichtlich ihrer Verantwortung für ihr behindertes Kind und dem Fehlen unterstützender gesellschaftlicher Vorraussetzungen. Da diese Frage jedoch nicht in dieser Direktheit gestellt war, liegen keine weiteren Antworten dazu vor.

7.2.14 Angebote der pädagogischen Fachkräfte zur Zusammenarbeit mit Vätern, bezogen auf Mitarbeiter mit mehreren Ausbildungen

Die diesem Bereich zuzuordnenden Daten stammen aus der Beantwortung der Fragestellung des Interviewleitfadens, wie die Zusammenarbeit mit Vätern zu intensivieren sei.

„Was unternehmen Sie, um Väter in die Zusammenarbeit besser zu integrieren?" (Anhang 2, S. 143)

Es geht darum, ob und wie die Angebote der Fachkräfte an die Väter zur Zusammenarbeit verbessert bzw. erweitert werden können.

Die folgende tabellarische Darstellung zeigt, wodurch die Angebote für Väter zur Zusammenarbeit mit pädagogischen Fachkräften verändert werden können.

**Hauptkategorie 4:
Angebote der pädagogischen Fachkräfte
zur Zusammenarbeit mit Vätern**

Angebote sind ausreichend:

- Termine müssen so gelegt werden, dass Väter sie wahrnehmen können. 2 Nennungen.

Angebote sind nicht ausreichend:

- Angebote müssen vermehrt gemacht werden. 1 Nennung.

Erklärung der Tabelle

1) Zwei Antworten besagen, dass genügend Angebote an die Väter gemacht werden und die Termine von ihnen wahrgenommen werden können. Es bestätigt sich also, dass die Terminierung auf die Väter abgestimmt werden muss.

> „Wie gesagt, wir laden regelmäßig die Eltern auf Schulfeste, und das bezieht sich natürlich nicht nur auf die Mütter, sondern die ganze Familie. In der Regel werden solche Angebote wahrgenommen. Wenn wir Elternnachmittage wie Kaffeetrinken bieten, dann machen wir das so, dass das nicht nach Möglichkeit in die Berufszeit der Väter reinfällt, sondern nach 16 Uhr, um ihnen überhaupt die Teilnahme zu ermöglichen, dass sie nicht den halben Tag Urlaub nehmen müssen.“ (Anhang 1, Interview 7, S. 111)

> „Ich habe etwas ganz Raffiniertes am Anfang meiner schulischen Tätigkeit, da kam kein Vater, und dann habe ich Elternabende und so zu Elternstammtischen und so weiter, da gab's Bier und was zu essen, und da kam der eine oder andere Vater (lacht), und wenn sie da saßen haben Sie natürlich sich anhören müssen, was ich da erzählte.“ (Anhang 1, Interview 9, S. 119)

2) Eine Fachkraft äußert, dass sie mit den gemachten Angeboten für die Zusammenarbeit mit den Vätern nicht zufrieden ist. Sie Verlangt mehr Elternkontakte, mehr Elterngespräche, um die Elternarbeit insgesamt intensivieren zu können.

> „Gut, ich finde, wenig. Das ist abwertend, ich sage es aber bewusst so. Ich finde, es müssen viel mehr Elternkontakte stattfinden, regelmäßige Elterngespräche, also zumindest anstellen, wo man denkt, es soll Elternarbeit geleistet werden.“ (Anhang 1, Interview 6, S. 109)

Zusammenfassung

Zwei Fachkräfte sind mit den gemachten Angeboten zur Zusammenarbeit mit den Vätern zufrieden. Eine weitere Antwort betont, dass die gemachten Angebote nicht ausreichend sind und deshalb unbedingt verstärkt werden müssen. Zwei Fachkräfte äußern sich zu dieser Frage überhaupt nicht.

Diese bislang vorgetragenen Untersuchungsergebnisse beziehen sich auf die pädagogischen Fachkräfte mit mehreren Ausbildungen. Im Folgenden wird Datenmaterial bearbeitet, das sich auf die pädagogischen Fachkräfte ohne mehrere Ausbildungen bezieht. Die Vorgehensweise ist dieselbe wie im abgehandelten Abschnitt. Es wurden dieselben Fragen gestellt. Deshalb werden hier nur die Erklärung der Tabellen und die Zusammenfassung der Daten ausgewertet. Die entsprechenden Interviewauszüge sind ebenfalls aufgeführt.

7.2.15 Einstellung zur geistigen Behinderung, bezogen auf Mitarbeiter ohne mehrere Ausbildungen

Pädagogische Fachkräfte ohne mehrere Ausbildungen (fünf Personen):

Hauptkategorie 1:
Einstellung zur geistigen Behinderung

Positive Einstellung:

- Teilhabe am Leben von behinderten Menschen ist von großer Bedeutung. 1 Nennung.
- Menschen mit Behinderung sollen sich akzeptiert fühlen. 1 Nennung.
- Die Zusammenarbeit mit geistig behinderten Kindern ist eine Freude.1 Nennung.
- Der Interviewte ist mit einem behinderten Familienmitglied aufgewachsen. 1 Nennung.

Negative Einstellung:

- Hierzu wurden keine Aussagen gemacht.

Erklärung der Tabelle

Die Ergebnisse der Befragung ergeben ein ganz klares Bild. Die interviewten Fachkräfte geben eindeutig ihre positive Einstellung zu Menschen mit geistiger Behinderung wieder (vier Aussagen mit positiver Einstellung, keine Aussage mit negativer Einstellung)

„Also ich persönlich, für mich würd' das einfach nicht so einen großen Unterschied machen, ob ich eine Diagnostikstelle oder nicht, weil - also entscheidend ist letztendlich nicht die Diagnostik, sondern welche Konsequenzen man aus dem Ergebnis, aus so einer Diagnostik, zieht. Und da ich für mich jetzt nicht vorstellen würde, dass ich daraus ein Ergebnis ziehen würde, ist es für mich persönlich einfach was - unbedeutend. Ist aber ganz stark mit der Arbeit zusammenhängend. Diese ganzen Diagnostikformen, die dann eventuell zu einer Abtreibung führen, entziehen mir meine ganze Arbeitsgrundlage. Vor allem den Menschen, mit denen ich arbeite, die Existenzgrundlage. Finde ich persönlich ganz problematisch." (Anhang 1, Interview 1, S. 88)

„Ich freue mich, dass sie draußen sind, das heißt, sie am Leben in der Gesellschaft teilnehmen. Es geht mir natürlich auch durch den Kopf, dass es eine Vielfalt von Verhaltensweisen und Reaktionen gibt und damit jeweils viele Belastungen für die Familie und für das Umfeld mit verbunden sind." (Anhang 1, Interview 8, S. 112)

„Bei mir ist das ganz unterschiedlich, also auf der einen Seite sehe ich das privat, wo ich dann in manchen Situationen denke: Oh, wie verhält sich dieser Mensch, das ist ja merkwürdig. Oder wo ich dann auch manchmal ein bisschen irritiert bin oder erschrocken durch manches Verhalten. Oder in den anderen Situationen finde ich es total schön, dass wir vielfältige Menschen hier auf der Straße erleben können, und dass ich eben nicht nur ‚normale Menschen' dort sehen kann, sondern auch solche, die außergewöhnlich sind in ihrer Entwicklung, Persönlichkeit oder in ihrem Aussehen. Und beruflich gesehen finde ich es sehr wichtig, dass man auf der Straße Menschen begegnen kann, denen man ansehen kann, dass sie behindert sind, weil sie einfach zur Gesellschaft dazugehören, und ich mir eine solche Gesellschaft wünsche, auch in politischer Hinsicht. Und es ist eine Mischung aus allem, wenn ich auf der Straße Menschen mit Behinderung sehe, auch mit geistiger Behinderung, und ich finde es einfach grundsätzlich wichtig dass wir darauf hin arbeiten, dass die Menschen, die behindert sind, in dieser Gesellschaft - egal in welcher Form - sich auf die Straße trauen und sich dort wohlfühlen." (Anhang 1, Interview 8, S. 112)

„Beruflich habe ich mit ihnen zu tun, und Interesse eigentlich an dieser Art von Menschen habe ich über meine persönlichen Beziehungen bekommen. Und ich bin aufgewachsen mit zwei Familienmitgliedern, die taubstumm waren. Und dadurch habe ich eigentlich immer Interesse gehabt, Menschen zu treffen, die eben nicht so ‚normal' sind. Weil mich diese Leute schon als Kind fasziniert haben und weil ich gemerkt habe, dass die unheimlich großes Repertoire an anderen Möglichkeiten haben, sich auszudrücken und kreativ zu sein als diese eben „normalen Menschen". Und deswegen hat mich dieser Beruf interessiert." (Anhang 1, Interview 10, S. 120)

Zusammenfassung

Vier der Befragten bringen klar zum Ausdruck, dass sie Menschen mit geistiger Behinderung bejahen und ihre Existenz für die Gesellschaft als bedeutsam erachten.

7.2.16 Die Hauptverantwortung bezüglich des Kindes, bezogen auf Mitarbeiter ohne mehrere Ausbildungen

Hauptkategorie 2:
Die Hauptverantwortung bezüglich des Kindes

Bei der Mutter:

- Sie will Verantwortung nicht abgeben. 1 Nennung.
- Sie soll sich neben der Betreuung andere Beschäftigungsmöglichkeiten suchen.1 Nennung.

Bei dem Vater:

- Er hat dieselben Aufgaben wie die Mutter. 2 Nennungen.
- Er entzieht sich der Verantwortung. 1 Nennung.

Erklärung der Tabelle

1) Zwei Befragte äußerten sich im Hinblick auf die Mutter, dass diese sich die Hauptverantwortung für ihr behindertes Kind leichter machen solle, um sich nicht zu überfordern. Sie trugen vor, dass sich die Mütter nicht ausschließlich der Betreuung ihres Kindes widmen, sondern sich auch anderen Beschäftigungen zuwenden sollen.

„Aber wenn du gerade ein behindertes Kind hast, musst du gerade gucken als Frau, dass du etwas anderes machst im Leben, gerade wenn du ein behindertes Kind hast." (Anhang 1, Interview 1, S. 90)

„(...) aber auch Mütter, die sich persönlich um alles kümmern und das gerne nicht abgeben wollen, zum Teil." (Anhang 1, Interview 1, S. 88)

2) Hinsichtlich der Hauptverantwortung des Vaters für sein behindertes Kind gab es insgesamt drei Nennungen: Zwei Fachkräfte betonten, dass der Vater dieselben Aufgaben wahrzunehmen hat wie die Mutter. Eine weitere

Fachkraft trug vor, dass sich Väter teilweise ihrer Verantwortung entziehen und sich stärker der wirtschaftlichen Versorgung ihrer Familie widmen als den anderen Aspekten.

> „Also meiner Meinung nach haben Väter dieselben Aufgaben wie Mütter (lacht). Wenn man mich jetzt persönlich fragt, also ich denke, gerade jetzt in dem Zusammenhang mit einem schwerbehinderten Kind denke ich: Es ist halt richtig, so was als Eltern gemeinsamen anzugehen." (Anhang 1, Interview 1, S. 89)

> „Entziehen sich Väter im gewissen Sinne - hat schon bisschen den Eindruck. Klar, Väter haben auch die Aufgabe, die Familie wirtschaftlich zu unterstützen, einfach das Geld nach Hause zu bringen, je nachdem wie groß die Familie ist, ist halt die Frage ..." (Anhang 1, Interview 1, S. 89)

> „Sie haben die gleichen Aufgaben wie Mütter, also die Kinder zu betreuen, mit den Kindern umzugehen, wobei das natürlich naturgemäß oft das Stillen ist, was ein Vater natürlich nicht machen kann. Aber er kann die gleiche Zuwendung auch dem Kind in der Pflege geben, wie das eine Mutter macht, und das Bild oder die Identifikation für die Jungen und auch wieder für die Mädchen. Väter und Mütter müssen für Jungen sowie für Mädchen Vorbilder sein." (Anhang 1, Interview 10, S. 120)

Zusammenfassung

Es fällt auf, dass sich die Antworten bezüglich der Übernahme der Hauptverantwortung für das Kind bezüglich der Mutter und des Vaters unterscheiden: Die Fachkräfte (zwei Nennungen) wollen den Müttern mehr Entlastung zukommen lassen, hingegen den Vätern gleiche Hauptverantwortung zuteilen wie den Müttern. Es wird sogar vorgetragen (eine Nennung), dass die Väter sich eher auf die wirtschaftliche Hauptverantwortung beschränken bzw. zurückziehen.

7.2.17 Väter benötigen gesellschaftliche Unterstützung, bezogen auf Mitarbeiter ohne mehrere Ausbildungen

Hauptkategorie 3: Väter benötigen gesellschaftliche Unterstützung
Väter brauchen Unterstützung: • Gesellschaftliche Erwartungen und Normen zwingen Väter, sich der Verantwortung zu entziehen. 1 Nennung. • Sie haben Angst vor sozialer Diskriminierung. 1 Nennung.
Väter brauchen keine Unterstützung: • Hierzu wurden keine Aussagen gemacht.

Erklärung der Tabelle

Zwei der fünf Fachkräfte tragen vor, dass eine gesellschaftliche Unterstützung der Väter von behinderten Kindern erforderlich ist. Sie sehen auch die Gefahr sozialer Diskriminierung durch die Gesellschaft. Andere Aussagen werden dazu nicht gemacht.

> „Ich glaube, dass es ein gesellschaftliches Problemen ist. Das sind also z. B. - jetzt dachte ich noch gerade - das wird eine ganz andere Diskussion, die wir jetzt führen, also das ist einfach ein gesellschaftliches Problem, dass es immer noch so ist: Mütter um Kinder kümmern und Väter arbeiten gehen. Ich denke, dadurch entziehen sich auch Väter von normalen Kindern vermutlich stärker." (Anhang 1, Interview 1, S. 90)

> „Das ist auch noch Stigma. Wenn man ein behindertes Kind hat, das ist für eine Familie ein gewisses Stigma. Bei aller Diskussion, beim Bestreben der Integration und Teilhabe an der Gesellschaft, im wirklichen Leben sieht es für mich immer noch so aus, dass man mit einem behinderten Kind stigmatisiert wird. Wird man stigmatisiert, wenn man ein Kind hat, dass nicht so funktioniert wie - das muss gar nicht behindert sein - dass zum Beispiel in der Schule Schwierigkeiten hat, dann ist man heute schon stigmatisiert. Heute ist ganz wichtig, dass alles funktioniert, und mit einem behinderten Kind funktioniert nichts, und da kann man nicht überall hin, überall mitmachen." (Anhang 1, Interview 1, S. 90)

Zusammenfassung

Zwei der Befragten betonen die Bedeutung der gesellschaftlichen Unterstützung für die Väter behinderter Kinder in der Wahrnehmung ihrer Funktionen als Familienoberhaupt.

7.2.18 Angebote der pädagogischen Fachkräfte zur Zusammenarbeit mit Vätern, bezogen auf Mitarbeiter ohne mehrere Ausbildungen

Hauptkategorie 4: Angebote der pädagogischen Fachkräfte zur Zusammenarbeit mit Vätern
Angebote sind ausreichend:
• Engagierte Väter nehmen Hilfe in Anspruch. 1 Nennung.
Angebote sind nicht ausreichend:
• Angebote müssen vermehrt gemacht werden. 1 Nennung.

Erklärung der Tabelle

1) Eine der fünf Befragten betonte, dass zwar genügend Angebote zur Zusammenarbeit mit den Vätern gemacht werden, dass sie jedoch nur von engagierten Vätern angenommen werden.

> „Wobei das sind häufig Sachen, bei denen man eh engagierte Väter erreicht. Ich denke, dass - ganz oft muss man einfach - zu sehen: Jemand, der das nicht will, macht es einfach nicht." (Anhang 1, Interview 1, S. 91)

2) Dass die Angebote der Fachkräfte für Väter mit behinderten Kindern nicht ausreichend sind, betont eine der interviewten Personen. Sie fordert väterspezifische Themen und Arrangements, um sie zu einer engeren Kooperation zu gewinnen.

> „Ja, also wir versuchen, Angebote für Väter interessant zu machen. Also dass man das nicht über die negative Schiene macht, Väter rügt: ‚Warum kommt Ihr nicht?' und so, sondern ihnen Angebote macht, also positive Angebote macht, da eben raus findet, was mögen die Väter gerne, was ist ihr Interesse, und entsprechende Angebote macht. Die Angebote müssen verstärkt werden." (Anhang 1, Interview 10, S. 120)

Zusammenfassung

Einerseits betont eine Fachkraft, dass die Angebote zur Zusammenarbeit mit Vätern ausreichend sind und angenommen werden. Anderseits führt eine andere Fachkraft aus, dass den Vätern spezifische Angebote zur Zusammenarbeit gemacht werden sollen, um ihnen entgegen zu kommen. Die anderen drei Befragten haben zu dieser Thematik nichts ausgeführt.

8 Schlussfolgerung

Die Auswertung der Interviews hat gezeigt, dass die Situation von Vätern, die geistig behinderte Kinder haben, auch heute noch immer durch unterschiedlichste Schwierigkeiten belastet ist.

In den Augen der Fachkräfte müsste die eltern- oder speziell die väterunterstützende Arbeit innerhalb ihrer Ausbildung bzw. während ihres Studiums stärker betont werden.

Um Väter für die Zusammenarbeit zu gewinnen bzw. sie zu erreichen, müssen pädagogische Fachkräfte erfinderisch sein. Das heißt, dass sie Vätern im Hinblick auf deren berufliche Bedingungen mehr entgegen kommen müssen. Konzepte zur Zusammenarbeit mit Vätern sollten so gestaltet werden, dass Väter bei der Wahrnehmung ihrer väterlichen Aufgaben gegenüber ihrem behinderten Kind besser verstanden, unterstützt und gestärkt werden. Es gilt auch zu überlegen, welche Themen spezifische Bedeutung für die Väter haben und in welcher Form diese Themen den Vätern angeboten werden können. Diese auf Väter eingehende Unterstützung durch pädagogische Fachkräfte ist zurzeit noch nicht ausreichend verfügbar und sollte grundlegend erforscht und entwickelt werden.

In der Ausbildung pädagogischer Fachkräfte für geistig behinderte Kinder (Erzieher, Sozialarbeiter, Sozialpädagogen, Sonderpädagogen, Heilpädagogen, Sonderschullehrer u.Ä.) sollten der unterstützenden Arbeit mit Eltern und vor allem der Arbeit mit Vätern geistig behinderter Kinder besondere Aufmerksamkeit gewidmet werden.

Die Unterstützung der Väter verstehe ich jedoch nicht allein als eine Aufgabe, die pädagogische Fachkräfte in ihrer Arbeit zu leisten haben, sondern besonders auch als eine Aufgabe der gesamten Gesellschaft. Denn durch sie fühlen sich die interviewten Väter vermehrt im Stich gelassen. Eine Gesellschaft zeigt ihre eigentliche Humanität durch die Art des Umgangs mit ihren schwächsten Gliedern. Deshalb sollte die Situation von Vätern mit geistig behinderten Kindern publik gemacht und auch politisch unterstützt werden.

Literaturliste

Bai-Pfeifer, Ruth: Behinderte leben! Als Eltern von behinderten Kindern den Alltag bewältigen, Basel und Gießen: Brunnen Verlag 1998

BauSteineMänner Kritische Männerforschung. Neue Ansätze in der Geschlechtertheorie, Hamburg: Argument Verlag 2001

Böttger, Gottfried: Ein behindertes Kind-Lehrmeister für seine Eltern, S. 37. In: Kallenbach, Kurt. Väter behinderter Kinder. Eindrücke aus dem Alltag. Düsseldorf: Verlag selbstbestimmtes Leben 1999

Brandes & Apsel: Berührt-Alltagsgeschichten von Familien mit behinderten Kindern, Frankfurt am Main: Brandes & Apsel Verlag GmbH 2006

Broschüre der Arbeitsstelle Frühförderung Hessen: Unterstützte Kommunikation. Beratung in der Frühförderung, Kassel: Arbeitsstelle Hessen 2005

Brüstle, Claus: Lebenskrisen-neue Lebenskonzepte, Feldkirch: Hecht Verlag 2000

Die besonderen Bedingungen und Belastungen der Paarbeziehung der Eltern behinderter Kinder.
In: http://www.ricardas-homepage.de/Dorothee/Diplom/Rahab/Kapitel%202/2-2-1.htm vom 12.08.2006

Die Tageszeitung Zeit Nr. 29, Rubrik Leben, S. 49 vom 13. Juli 2006

Die Tageszeitung Zeit Nr. 29, Rubrik Wissen, S. 30 vom 29. Juni 2006

Döge, Peter: Geschlechterdemokratie als Männlichkeitskritik. Blockaden und Perspektiven einer Neugestaltung des Geschlechterverhältnisses. Bielefeld: Kleine Verlag 2001

Eckert, Andreas: Eltern behinderter Kinder und Fachleute. Erfahrungen, Bedürfnisse und Chancen. Bad Heilbrunn/Obb.: Klinkhardt 2002

Gaderer, Manfred: Das Leben mit meiner behinderten Tochter. Ein Leben in zwei Welten, S. 11. In: Kallenbach, Kurt. Väter behinderter Kinder. Eindrücke aus dem Alltag. Düsseldorf: Verlag selbstbestimmtes Leben 1999

Geißler, Rainer: Die Sozialstruktur Deutschlands. Die Gesellschaftliche Entwicklung vor und nach der Vereinigung. Wiesbaden: Westdeutscher Verlag GmbH 2002

Gesterkamp, Thomas: Die Krise der Kerle. Männlicher Lebensstil und der Wandel der Arbeitsgesellschaft. Münster: LIT Verlag 2004

Hinze, Dieter: Ihr Kind ist behindert-wie sage ich es den Eltern. In: http://www.ricardas-homepage.de/Dorothee/Artikel/fachartikel/13.htm vom 12.08.2006

Hinze, Dieter: Väter und Mütter behinderter Kinder. Der Prozeß der Auseinandersetzung im Vergleich. Heidelberg: Univ.-Verlag. Winter. 1999

Kallenbach, Kurt.: Väter behinderter Kinder. Eindrücke aus dem Alltag. Düsseldorf: Verlag selbstbestimmtes Leben 1999

Kallenbach, Kurt.: Vater eines behinderten Kindes. In: http://www.familienhandbuch.de vom 08.08.2006

Kallenbach, Kurt.: Väter schwerstbehinderter Kinder. Projektbericht aus der Forschungsgemeinschaft „Das körperbehinderte Kind" Institut an der Universität zu Köln. Münster u. a.: Waxmann 1997

Krause, M. P: Elterliche Bewältigung und Entwicklung des behinderten Kindes. München: Peter Lang Verlag 1997

Krause, M. P: Gesprächspsychologie und Beratung mit Eltern behinderter Kinder. München: Verlag Reinhardt 2002

Kursbuch: Die Väter. Heft 140, Berlin: Rowohlt Verlag 2000

Lohscheller, Frank: Kommunikations-und Konflikttraining für Jungen an Schulen. Münster: Unrast-Verlag 2002

Mayring, Philipp: Einführung in die Qualitative Sozialforschung. Weinheim und Basel: Beltz Verlag 2002

Miller, B. N.: Mein Kind ist fast ganz normal. Leben mit einem behinderten oder verhaltensauffälligen Kind: Wie Familien gemeinsam den Alltag meistern lernen. Stuttgart: Georg Thieme Verlag 1997

Müller, Ursula: Der gemachte Mann. Konstruktion und Krise von Männlichkeiten. Opladen: Leske und Budrich 1999

Nagy, Christiane: Facilitated Communication. Spezielle Fragestellung. In: Unterstützte Kommunikation 1. Jg. 1996, S. 1

Roebke, Christa: Leben ohne Aussonderung. Eltern kämpfen für Kinder mit Beeinträchtigungen. Neuwied u. a.: Luchterhand 2000

Schlimm, B: Die Rolle der Väter in der Frühförderung. In: Sonderpädagogik 31. Jg. 2001, Heft 1, S. 11-14

Schnack, Dieter; Gesterkamp, Thomas: Hauptsache Arbeit? Männer zwischen Beruf und Familie. Reinbek bei Hamburg: Rowohlt Verlag 1998

Seifert, Monika: Was bedeutet ein geistig behindertes Kind für die Familie? In: http://www.ricardas-homepage.de/Dorothee/Artikel/Fachartikel/9.htm vom 12.08.2006

Speck, O.: Menschen mit geistiger Behinderung und ihre Erziehung. München/Basel: Reinhardt 2005

Thielke, Wolfgang: Jungen brauchen Liebe. So werden aus Söhnen glückliche Männer. Augsburg: Midena Verlag 1999

Thimm, W. & Wachtel, G.: Familien mit behinderten Kindern. Wege der Unterstützung und Impulse zur Weiterentwickelung. Weinheim u. München: Juventa Verlag 2002

Tillmann, Klaus-Jürgen: Sozialisationstheorien. Eine Einführung in den Zusammenhang von Gesellschaft, Institution und Subjektwerdung. Reinbek bei Hamburg: Rowohlt Taschenbuch Verlag GmbH 2003

Unterschiedliche Bewältigungsformen von Müttern und Vätern behinderter Kinder. In: http://www.ricardas-homepage.de/Dorothee/Diplom/Rahab/Kapitel%202/2-1-2.htm vom 12.08.2006

Ursel, Wolfgang: Gelegenheit zur Ermutigung: Angebote am Rande der Frühförderung Zielgruppenorientierte Arbeit der Langau mit Vätern, Alleinerziehenden, Geschwistern. In: Frühförderung interdisziplinär Zeitschrift für Praxis und Theorie der frühen Hilfe für behinderte und entwicklungsauffällige Kinder 19. Jg. 2000. H.1, S.39-44

Verband Alleinerziehender Mütter und Väter Landesverband NRW e. V. 1997: Alleinerziehende Mütter und Väter mit behinderten Kindern. Wie sie leben. Wie sie kämpfen. Was sie fordern.

Walter, Melitta: Jungen sind anders, Mädchen auch (Den Blick schärfen für eine geschlechtergerechte Erziehung). München: KÖSEL Verlag GmbH&C0 2005

Weinert, Ernst-Heinz: „Unser größter Sieg", S. 87. In: Kallenbach, Kurt. Väter behinderter Kinder. Eindrücke aus dem Alltag. Düsseldorf: Verlag selbstbestimmtes Leben 1999

Wilken, Udo und Jeltsch-Schudel: Eltern behinderter Kinder. Stuttgart: Verlag Kohlhammer 2003

Wilken, Udo; Jeltsch-Schudel, Barbara: Eltern behinderter Kinder. Empowerment, Kooperation, Beratung. Stuttgart: Kohlhammer 2003

Zimmermann, Peter: Junge, Junge! Theorien zur geschlechtstypischen Sozialisation und Ergebnisse einer Jungenbefragung. Dortmund: IFS-Verlag 1998

Zulehner, Paul; Volz, Rainer: Männer im Aufbruch. Wie Deutschlands Männer sich selbst und wie Frauen sie sehen. Ostfildern: Schwabenverlag 1998

Zurek-Müller, Christiane: Die Situation von Familien mit behinderten Kindern aus Elternperspektive. In: http://www.familienhandbuch.de vom 09.08.2006

Zurstiege, Guido: Männlichkeit in der Werbung. Zur Darstellung von Männern in der Anzeigenwerbung der 50er, 70er und 90er Jahre. Opladen/Wiesbaden: Westdeutscher Verlag 1998

Anhang 1

Interview Nr. 1 mit D. und R. (Mitarbeiterinnen)

S: Okay, wir können gleich anfangen. Was für eine Ausbildung haben Sie absolviert?

R: Ich habe Sozialarbeit studiert, in Siegen an der Gesamthochschule, und habe mein Studium abgeschlossen - 1986.

D: Und ich habe Sozialpädagogik studiert, in Koblenz, und hab '99 meinen Abschluss gemacht, und dann halt das Anerkennungsjahr.

S: In welcher Art und Weise haben Sie mit geistig behinderten Kindern zu tun?

D: Jetzt hier?

R: Ja, ich arbeite mit einer halben Stelle hier in der Regie, das heißt ich organisiere Betreuung. Ich führe erst Gespräche mit den Familien. Die Kinder sind meistens mit anwesend und...

D: Wir haben die Fachaufsicht, wenn unten die Betreuung stattfindet. Also, dass wir auch mit runtergehen und gucken, was alles so läuft. Und ich hab darüber hinaus jetzt vor zwei Wochen die Kinderfreizeit geleitet. Wir waren mit sieben Kindern mit Behinderung und mit fünf Betreuern insgesamt auf dem Bauernhof, zehn Tage, und da habe ich die Freizeit geleitet. Und ansonsten ...

R: Wir arbeiten auch Mitarbeiter mit ein und machen auch Schulungen vor Ort, auch in Zusammenarbeit mit der Pflegefachkraft, die halt so das pflegerische - den Part - mit übernimmt. Und wir sind Ansprechpartner für die Mitarbeiter. Wir gehen aber auch, wenn hier Betreuung ist - im Rahmen der Fachaufsicht - gehen wir auch schon runter. In Notfällen übernehmen wir auch mal die Betreuung. Es kann auch durchaus vorkommen. Also schon recht vielfältige ...

D: Und wir bieten halt auch noch Sachen - Angebote - an, für die Familien als solche. Also Familiennachmittage, wo dann die Kinder dabei sind, aber die Kinderbetreuung angeboten wird und die Familien Raum haben für Austausch.

S: Spannend, ja.

R: Und wir haben jetzt im Herbst ein Programm über die Familienbildungsstätte, auch hier in den Räumlichkeiten, wo dann ein Eltern-Kind-Kochen stattfinden wird bzw. ein Väter-Kind-Kochen. Dann wird ein Wellness-Tag für Frauen angeboten, und parallel dazu findet immer dann Kinderbetreuung statt.

S: Ja, nehmen Sie regelmäßig an Fortbildungen teil?

D: Ja also, wird auf ein Jahr festgelegt, wer was macht. Wir haben in diesem Jahr unseren Schwerpunkt auf Beratung gelegt.

S: Ja. Was geht Ihnen so durch den Kopf, wenn Sie auf der Straße behinderte Kinder sehen oder behinderte Menschen?

R: Ja, erst einmal gucke ich genau hin, weil man kennt einfach mittlerweile doch viele Kinder und Eltern, da gucke ich genau hin. Kenne ich die vielleicht? Und dann, mein zweiter Gedanke ist dann oftmals, wenn ich sie nicht kenne: Das wären Kunden für uns - potenzielle Kunden.

D: Ja, Kunden.

S: Ja, was halten Sie denn von Pränataldiagnostik?

D: Das ist aber eine (lacht) umfassende Frage.

R: Das ist eine Frage. Haben mir meine Eltern vor ein paar Tagen gestellt, bei einem Besuch. Und für mich persönlich ist es ein Thema, wo ich - also ich halte persönlich nicht sehr viel davon, muss ich ganz ehrlich sagen.

D: Ich denke halt, ist eine sehr sehr individuelle Sache. Also ich denke, das ist so was, wo ganz schwer ist zu sagen, bin ich dafür oder bin ich dagegen. Ich glaube, das muss jeder für sich ganz allein entscheiden. Das ist eine ethische Entscheidung irgendwie. Also ich persönlich, für mich würd' das einfach nicht so einen großen Unterschied machen, ob ich eine Diagnostikstelle oder nicht, weil - also entscheidend ist letztendlich nicht die Diagnostik, sondern welche Konsequenzen man aus dem Ergebnis, aus so einer Diagnostik, zieht. Und da ich für mich jetzt nicht vorstellen würde, dass ich daraus ein Ergebnis ziehen würde, ist es für mich persönlich einfach was - unbedeutend. Ist aber ganz stark mit der Arbeit zusammenhängend. Diese ganzen Diagnostikformen, die dann eventuell zu einer Abtreibung führen, entziehen mir meine ganze Arbeitsgrundlage. Vor allem den Menschen, mit denen ich arbeite, die Existenzgrundlage. Finde ich persönlich ganz problematisch.

S: Spannend. Ja, wie wichtig ist der Kontakt zu den Vätern für die Zusammenarbeit?

D: Der Kontakt ist schwierig meistens.

R: Der Kontakt ist ein bisschen schwierig. Unsere Erfahrungen in den letzten Monaten ... Da hatten wir paar Notfälle auch, also dass wir quasi von heute auf morgen Betreuung rund um die Uhr schaffen mussten, aus Notfällen heraus. Und da ist unsere Erfahrung, dass Väter gut wegrationalisieren, also dass Väter für sich sorgen können.

D: Man muss vielleicht dazu sagen, dass die Notfälle aus erster Linie darin bestanden, dass die Mütter zusammengeklappt sind durch die Belastung.

R: Und die Väter nicht, die wir so mal parziell hier gesehen haben, waren ganz auf einmal anders gefordert. Haben sich viel mit Finanzierung etc. auseinander setzen müssen. Dabei haben wir festgestellt, also die haben dafür gesorgt, dass ihre Kinder, wenn auch sie an Wochenenden nicht vor Ort waren, trotzdem rund um die Uhr betreut worden sind. Solche Sachen, nach denen vielleicht Mütter eher geguckt hätten: kriegen wir das selbst hin? - haben Männer da eben für sich selbst gesorgt, habe ich das Gefühl.

D: Also sie nehmen die Hilfe auch einfach an in solchen Fällen, viel stärker in Anspruch.

R: Das ist schon so ein bisschen offensichtlich geworden.

D: Aber häufig finde ich weniger Kontakt zu den Vätern. Aber ich bin erst ein Jahr hier. Bei manchen Kindern weiß ich gar nicht richtig, ob die Eltern zusammen sind oder nicht, ob der Kontakt zu dem Vater ist oder nicht, weil ich immer Kontakt mit der Mutter habe.

R: Ja und vielfach ist so, dass die finanziellen Geschichten über die Männer laufen. Da geben Mütter eher das Telefon weiter. So nach dem Motto: Mein Mann ist dafür zuständig. Da sind die Männer eher anspruchsvoller.

D: Andererseits, wenn es um die Betreuung geht: Der Termin hat sich verschoben. Die Informationen, die man eigentlich jedem geben könnte, da kommt: Hören Sie mal, damit habe ich gar nichts zu tun. Ich gebe Ihnen meine Frau (lacht). Ja okay.

S: Ja, noch mal: Wie ließe sich die Zusammenarbeit mit den Familien gestalten, sage ich mal: Wenn jetzt die Väter ihrer erzieherischen Aufgabe, ihren erzieherischen Aufgaben, nachgehen würden, wie wäre die Zusammenarbeit zu gestalten, wenn die Väter - auch Väter - präsent wären? Ist die Frage verständlich, oder?

D: Nicht so 100 Prozent, weil ich würde erst einmal so sagen: Wenn die Väter sich ihrer erzieherischen Aufgaben stellen würden, hätten Frauen nur noch die halbe Aufgabe. Also die Arbeit wäre im Prinzip nur dieselbe, nur vermutlich würden halt doppelt so viel Väter anrufen wie momentan.

R: Wir haben durchaus Familien, wo dieses System funktioniert, wo man das Gefühl hat, da hat eine Aufgabenteilung stattgefunden. Das sieht man dann, wenn wir Familienachmittage haben. Oder in den Sommerferien, da kommt die Familie komplett, auch Geschwisterkinder. Da kommen wirklich dieses ganze System Familie. Und wenn man das von außen so beobachtet, hat man das Gefühl, das läuft. Also die Familie, die das ganze Schicksal angenommen hat, mit einem schwerbehinderten Menschen zu leben, und das gemeinsam - gemeinsam auch zu tragen.

D: Wobei ich auch schon das Gefühl habe, dass es zum einen halt häufig Väter sind, die sich der Verantwortung nicht stellen, aber auch Mütter, die sich persönlich um alles kümmern und das gerne nicht abgeben wollen, zum Teil.

Wobei das Sachen sind, die empirisch wirklich nicht nachzuweisen sind. Und manchmal denke ich, es könnte irgendwie anders gehen. Also da findet auch - wenn Frauen nicht gerade arbeiten, sondern in erster Linie um das Kind kümmern - eine starke Identifizierung mit dieser Geschichte statt. Also es ist eine Aufgabe, die man halt gestellt bekommt.

R: Und es ist natürlich auch ein Unterschied, ob das Kind von Geburt an behindert ist oder ob es im Laufe seines Lebens die Behinderung erwirbt, auch. Es ist noch mal ein Unterschied also. Wenn die Behinderung erst später eintritt, dann sind sicherlich Schuldgefühle im Vordergrund, wie in dem Fall, wo das Kind von Anfang an mit der Behinderung auf die Welt kommt

S: Welche Aufgaben haben Väter Ihrer Meinung nach?

D: Also meiner Meinung nach haben Väter dieselben Aufgaben wie Mütter (lacht). Wenn man mich jetzt persönlich fragt, also ich denke, gerade jetzt in dem Zusammenhang mit einem schwerbehinderten Kind, denke ich: Es ist halt richtig, so was als Eltern gemeinsam anzugehen, weil das ist schon nicht so einfach bei so vielen Gesprächen, die wir halt haben. Gerade bei so Erstgesprächen, wo es mir schon paar Mal so gegangen ist: So ein Erstgespräch dauert eine Stunde, und dann kam ich hier nicht unter vier Stunden weg, wo man einfach merkt, ein immenser Redebedarf da ist, einfach viel zu sagen, zu besprechen. Einfach mit jemanden darüber zu reden, wo ich halt denke: Na ja, da könnte man sich in der Beziehung gegenseitig unterstützen, aber es ist einfach schwierig.

S: Also was sollten sie anders machen die Väter?

D: Dass halt, na ja, ist halt schwierig, so pauschal zu sagen. Ich würde grundsätzlich sagen, dass es halt wichtig ist, bestimmte Sachen anzunehmen, wie sie sind, und sich der Verantwortung zu stellen und da halt auch gemeinsam nach Lösungen zu suchen.

R: Ja, ich denke auch, das ist auch ein wesentlicher Faktor: erst einmal gemeinsam als Ehepaar das behinderte Kind anzunehmen und gemeinsam so diesen Prozess des Trauerns und erst mal neu gucken: Wie kann man das angehen, so gemeinsam zu bewerkstelligen, und einfach Hilfe zu holen von außen. Es ist ganz oft der Fall, dass die Kommunikation untereinander nicht stimmt. Gibt Probleme da zu gucken, wachsam zu sein und als Ehepaar die Verantwortung gemeinsam zu übernehmen. Zu gucken, wenn es einfach der Frau schlecht geht, ihr Mut zu machen, Hilfe zu holen und dabei sie zu unterstützen. Auch einfach da zu sein als Vater und Ehemann. Es sind zwei verschiedene Rollen. Auch die Frau nicht allein zu lassen. Die Erfahrung ist einfach: Wir haben hier viele Väter, Männer, sie stürzen sich in Arbeit und beteiligen sich in Vereinen und lassen die Frau im Grunde genommen ein Stück weit allein.

S: Direkt dazu: Entziehen sich Väter Ihrer Verantwortung?

R: Entziehen sich Väter im gewissen Sinne - hat schon bisschen den Eindruck. Klar, Väter haben auch die Aufgabe, die Familie wirtschaftlich zu unterstützen, einfach das Geld nach Hause zu bringen, je nachdem wie groß die Familie ist, ist halt die Frage ...

D: Ist halt die Frage wo das steht.

S: Finde ich auch.

D: (lacht laut) Also das frage ich mich echt immer wieder, wo steht das eigentlich? Aber auch hier, also bis auf einen einzigen Fall, sind mir schon einige Eltern begegnet, die sich getrennt haben. Aber bis auf einen Fall kenne ich niemand, wo das Kind beim Vater ist, geblieben wäre. Also ich meine, es ist irgendwie klar, vermutlich hat man das als Mutter - diese starke Bindung - klar, wenn man irgendwie in der ersten Zeit stillt, aber ich finde...

R: Aber, wenn ich von mir ausgehe, ich habe drei Kinder. Bei uns ist es schon so in der Familie, dass mein Mann das meiste Geld nach Hause bringt. Das, was ich nach Hause bringe, ist im Grunde ein Tropfen auf den heißen Stein.

D: Ja gut, aber ...

R: Ist nicht das klassische Beispiel für alles, für Familien und für Familien behinderter Kinder, nur gerade im Zuge von Belastungen-Überbelastung und so weiter-ist halt die Frage, wie weit bei einem Ehepaar ausgeglichen beide...

D: Aber wenn du gerade ein behindertes Kind hast, muss du gerade gucken als Frau, dass du etwas anderes machst im Leben, gerade wenn du ein behindertes Kind hast. Wenn du ein nicht behindertes Kind hast, schickst du es in den Kindergarten, geht seine Freunde besuchen, aber wenn du - wenn man halt ein behindertes Kind hat - , hat man ganz oft den Fakt, dass man sie oft ganz schlecht allein lassen kann. Bei den meisten kann man ganz schlecht sagen: Setzt dich in dein Zimmer und spiel für dich.

R: Aber da muss man als Ehepaar gucken noch, wie weit beide berufstätig sein können, meinetwegen eine halbe Stelle.

S: Das wäre eine Lösung.

R: Das wäre eine Möglichkeit oder die Frau eine Dreiviertelstelle und der Mann eine halbe Stelle meinetwegen. Nur der Trend geht dahin, dass es vom wirtschaftlichen nicht mehr reicht. Das sind so die Tendenzen, die ich auch ganz klar sehe.

S: Vielleicht nur mal ganz kurz: Woran liegt das, dass die Väter sich entziehen? Können sie ein paar Beispiele nennen, oder haben sie Ideen?

D: Ich glaube, dass es ein gesellschaftliches Problemen ist. Das sind also z. B. - jetzt dachte ich noch gerade - das wird eine ganz andere Diskussion, die wir jetzt führen, also das ist einfach ein gesellschaftliches Problem, dass es immer noch so ist: Mütter um Kinder kümmern und Väter arbeiten gehen. Ich denke, dadurch entziehen sich auch Väter von normalen Kindern vermutlich stärker als ...

R: Das ist auch noch Stigma. Wenn man ein behindertes Kind hat, das ist für eine Familie ein gewisses Stigma. Bei aller Diskussion, beim Bestreben der Integration und Teilhabe an der Gesellschaft, im wirklichem Leben sieht es für mich immer noch so aus, dass man mit einem behinderten Kind stigmatisiert wird. Wird man stigmatisiert, wenn man ein Kind hat, das nicht so funktioniert wie - das muss gar nicht behindert sein - dass zum Beispiel in der Schule Schwierigkeiten hat, dann ist man heute schon stigmatisiert. Heute ist ganz wichtig, dass alles funktioniert, und mit einem behinderten Kind funktioniert nichts, und da kann man nicht überall hin, überall mitmachen. Und wieder erlebe ich das schon so ganz viel bei schwerbehinderten Kindern: Es dauert halt, bis man fertig ist, halt. Bis man rausgehen kann, ist man halt ein einhalb Stunden beschäftigt, und das kostet einfach viel Kraft und Energie, bis man sich auf den Weg machen kann. Und die Eltern wägen ab: Kann ich das machen oder kann ich es nicht machen?

S: Wie gehen Sie damit um, dass Väter sich ihrer Verantwortung entziehen?

D: Es ist halt schwierig (lacht). Also weil - wir können niemanden dazu zwingen, wegen seiner Verantwortung zu stellen.

R: Also wir freuen uns über jeden Vater, der sich hier über die Schwelle traut und nehmen ihn hier herzlichst auf, und versuchen ihn in unserer Arbeit zu integrieren, indem wir halt auch Angebote machen, wo sich Väter durchaus angesprochen fühlen.

D: Ich denke gerade auch bei den in Familien, wo es dann halt zu einem Zusammenbruch von einem System kommt, und die Väter sich hier die Hilfe konkret holen müssen, weil die Mütter es nicht mehr machen können, entsteht irgendwie eine andere Beziehung. Also da kann man irgendwie anders drauf einwirken, eingehen oder darauf hinweisen. Das ist einfach sehr wichtig, dass - wenn selbst eine Besserung eintritt - grundsätzlich sich umgucken, was zu ändern ist, damit es nicht zu einem solchen Zusammenbruch kommt. Aber es ist natürlich auch blöd zu warten, bis die Sachen zusammenbrechen, und dann halt einzugreifen. Ich meine halt, ich kann auch niemanden zwingen, sich hier Hilfe abzuholen, weil es ist irgendwie eine freiwillige Geschichte, die Entlastung und Unterstützung bieten soll.

S: Was für Formen von Hilfen bietet ihr denn Vätern in eurer Einrichtung?

D: Den Vätern?

S: Ja.

R: Speziell den Vätern?

S: Ja.

D: Wir hatten uns früher eigentlich auf die Frauen spezialisiert und hatten Frauen-Frühstück angeboten und – zu dem aber zwei Väter aufgetaucht sind (lacht). Wir haben es dann schnell in Eltern-Frühstück umbenannt.

R: Wir haben jetzt vor im Herbst ein – über die Familienbildungsstätte hier in Marburg – einen Kurs anzubieten: Väter kochen mit ihren Kindern gemeinsam. Also da haben wir speziell – da haben wir gedacht – sprechen spezielle Väter an, um einfach auch ihnen einen anderen Zugang zu ihren Kindern zu ermöglichen.

D: Wobei das sind häufig Sachen, bei denen man eh engagierte Väter erreicht. Ich denke, dass – ganz oft muss man einfach – zu sehen: Jemand, der das nicht will, macht es einfach nicht.

R: Und dann haben wir noch eine Geschichte vor, auch über die Familienbildungsstätte, ein Seminar: starke Eltern-starke Kinder. Erziehungsstrategien. Und dann langfristig denken wir schon an so Ehepaarseminare. Das wir da auch – in der Richtung müssen wir erst mal gucken. Bis wir diese Geschichte eingeleitet haben – und –, muss ein gewisses Vertrauen da sein, um sich auf was einzulassen. Wir müssen einfach mehrere Ehepaare einladen und schauen, wie es läuft: Wie kann man die Kommunikation miteinander verbessern, was gibt es für Möglichkeiten, um neu zueinander zu finden, wie kann man da die Kinder mit integrieren? Solche Sachen sind geplant. Unser Programm geht in die Familien. Wir haben ein Jahresprogramm. Können Mütter und Väter lesen und darauf reagieren. Die Erfahrung ist halt, dass Mütter präsenter sind. Wir ermutigen Mütter, die Angebote wahrzunehmen. Sie sollen keine Schuldgefühle haben. Sie sollten mit Freunden kommen, sich entlasten, einfach Abstand vom Alltäglichen zu haben. Ich habe das Gefühl, dass man den Vätern nicht sagen muss. Sie machen das eher. Sie sorgen für sich. Liegt in der Natur, so nach außen zu gehen, aus der Familie auszugehen, für sich zu sorgen.

D: Ich denke, dass die Probleme, die man halt mit Familien mit Kindern mit Behinderungen hat, noch mehr ins Extreme gehen als Familien nicht behinderter Kinder.

R: Als Frau nicht behinderter Kinder hält man zum Beispiel Belastungen zehn Jahre aus. Bei ihnen ist abzusehen, dass die Kinder irgendwann selbstständig werden. Die Freiräume werden automatisch wieder größer. Da muss ich als Mutter nicht so viel sorgen.

S: Vielen Dank für das Gespräch, ich habe mich sehr gefreut.

D: Gerne.

R: Bitte.

Interview Nr. 2 mit F. (Mitarbeiterin)

S: Ja, erste Frage: Was für eine Ausbildung haben Sie absolviert?

F: Ich bin Diplompädagogin, Sonderschullehrerin für Sprachheilpädagogik - Lernenbehinderte und ja - allgemeine Lehrerin außerdem.

S: In welcher Art und Weise haben Sie mit geistig behinderten Kindern zu tun?

F: Ich berate inzwischen. Ich habe seit sieben Jahren eine Beratungsstelle für „unterstützte Kommunikation", und in dem Zusammenhang werden mir auch geistig behinderte Kinder vorgestellt auch. Ich unterrichte „unterstützte Kommunikation" und mache das im Allgemeinen so, dass die Teilnehmer mir ihre Fälle schildern, auch als Video schicken und beschreiben und wir dann gemeinsam die Diagnostik dafür machen und Pläne entwickeln.

S: Ja, sehr interessant. Nehmen Sie dann auch regelmäßig an Fortbildungen teil?

F: Ja, das mache ich, wenn es interessant ist, häufig aber indem ich da helfe oder indem ich selbst die Fortbildung mache, aber zum Beispiel an der ISAAC-Tagung nehme ich auf jeden Fall intensiv teil.

S: Wie ist ihre Einstellung zu dem Thema geistige Behinderung?

F: Meine Einstellung?

S: Ja.

F: Oh, das ist aber sehr pauschal gefragt.

S: Ja, haben Sie Probleme mit den Kindern umzugehen oder fürchten sich davor?

F: Also von meiner ursprünglichen Ausbildung hatte ich eigentlich mit geistiger Behinderung wenig zu tun, weil also - wenn man jetzt das intellektuelle Level betrachtete, das mehr bei Lernbehinderung aufhörte - ich hatte dann immer mal wieder geistig Behinderte dabei, aber das war eigentlich von meiner Ausbildung her nicht mein Schwerpunkt. Ich bin mit „Unterstützte Kommunikation" in Verbindung gekommen in den USA, und da auch gleich mit geistiger Behinderung und hatte da eine Frau, mit der ich ehrenamtlich zusammengearbeitet habe, und sie und hatte eine ganz positive Einstellung zu geistig Behinderten. Und das hat sich auf mich wie eine Infektion übertragen. Das war wirklich wie ein tolles Erlebnis. Man kann meiner Meinung nach wirklich dadurch an-Vorbilder übernehmen. Also zum Beispiel - wenn wir also losgezogen sind und wollten ein Kind besorgen oder irgendwie die Problematik behandeln, dann hat sie mir vorher im Auto erklärt, um was für ein Kind sich handelt, dann war so ihr Standardsatz: Oh, wir sehen heute einen ganz interessanten Studenten, wobei Studenten auf Amerikanisch heißt

„Schüler allgemein". Und das waren dann manchmal ganz erbärmliche Kreaturchen, aber sie war so positiv eingestellt und bei mir übertragen ...

S: Spannend.

F: Ja.

F: Und das ist nie wieder weggegangen. Das war irgendwie merkwürdig. Das hat sich bei mir festgesetzt.

S: Super, was halten Sie von Pränataldiagnostik?

F: Ja, es ist zweierlei, ob man beruflich damit zu tun hat oder ob man selber als Eltern ein geistig behindertes Kind aufzieht. Und ich muss jedenfalls sagen, als ich mein jüngstes Kind gekriegt habe – Ich habe dann pränatale Diagnostik machen lassen, und ich war entschieden, wenn da etwas rausgekommen wäre, dass das Kind geistig behindert wäre, ich hätte abtreiben lassen. Und also bewundere ich auch die Mütter, die Eltern heute, also die behinderte Kinder haben, denn ihr ganzes Leben dreht sich darum. Das Leben kriegt wirklich eine Wende, also ich glaube, ich hätte heute noch nicht die Kraft.

S: Danke, wie wichtig ist der Kontakt zu den Vätern für die Zusammenarbeit mit den Familien?

F: Also ich stelle fest, dass es eigentlich ein sehr gutes Zeichen ist, wenn der Vater überhaupt schon mitkommt, weil man dann mehr davon ausgehen kann, dass wenn jetzt Maßnahmen abgesprochen werden, dass dann wirklich von allen Seiten das Kind entsprechend beeinflusst wird, und dass im Ganzen eine positive Einstellung ist. Ich kann schlecht abschätzen – ich denke, die Frauen sind in den Familien wahrscheinlich sowieso die stärkeren Partner, und daher ist es das Allerwichtigste, dass die Mutter wirklich alles versteht und mitmacht. Aber was genau in den Familien sich abspielt und wie weit der Vater das bremsen kann, indem er sich nicht beteiligt, kann ich das schlecht abschätzen. Das sind eigentlich auch nur Vermutungen bei mir.

S: Trotzdem möchte ich fragen, wie ließe sich die Zusammenarbeit mit den Familien gestalten, wenn die Väter sich ihren erzieherischen Pflichten – ja – zuwenden würden oder nachgehen würden?

F: Also wenn man davon ausgeht, dass Behinderung ja nicht nur die Behinderung des Kindes ist, sondern auch die Behinderung der Umgebungen, also wenn z. B. wir alle Gebärden verwenden würden beim Sprechen, da wären viele geistig Behinderte weniger behindert. Sie würden ja in einer Umgebung aufwachsen, die einfach ihren Fähigkeiten mehr entsprechen. Daher ist natürlich immer das Ziel, dass überhaupt möglichst viele Leute auch die Maßnahmen anwenden und bejahen. Und wenn der Vater mitmacht, dann ist das natürlich viel mehr, als wenn er nicht täte oder wenn er keine Ahnung davon hat. Oder die Großeltern müssen mitmachen, die Geschwister müssen mitmachen, die Nachbarn müssen mitmachen. Es muss also die ganze Umgebung eigentlich aktiviert werden. Und das denke ich, das ist mit die Rolle des Vaters, dass er einfach Teil der gesamten Umgebungen ist, und ich glaube wirklich, dass die Mütter zum Teil gebremst werden durch die Väter. Die Väter finden glaube ich zum Teil, dass das Mist ist, dass sich die Mütter mal wieder zu sehr engagieren. Und so etwas kann richtig bremsend wirken, nicht.

S: Was sollen die Väter anders machen?

F: Ja wahrscheinlich, wenn die Väter ihr behindertes Kind wahrnehmen als behindert und die Ärmel hochkrempeln - das Kind ist behindert und wir müssen jetzt was machen - das wäre so eine - ja wahrscheinlich-Power-Bewältigung oder wie man das nennen soll. Aus der Lethargie heraus kommt und aktiv wird. Auch die Väter, die könnten sich auch engagieren bei ISAAC. Das gibt es ja auch, und trotzdem sind die meisten Mütter. Aber ich denke auch für die meisten Mütter wäre das eine große Hilfe, wie ich schon sagte, man ist ja als Mutter auch belastet durch ein Kind, was so viel Aufmerksamkeit braucht, wenn man sich das teilen könnte, die Sorgen, das wäre alles viel besser für's Kind und die Mutter.

S: Wie gehen Sie damit um, dass die Väter im Hintergrund sind?

F: Ja, wie gehe ich damit um? Da ich mir sage: Ich habe Klienten, die mich fragen. Ich kann eigentlich nur auf Fragen antworten, die die mir stellen. Ich bin ja nicht irgendwie eine Institution, die Familien beeinflussen muss in dem Sinne. Ich gehe ja eher auf die Fragen ein, und ich denke einfach: Das sind nicht meine Aufgaben, mache mir meine Gedanken, halte mich aber da raus. Ich will mich nicht aufdrängen so.

S: Ja, spannend. Vielen Dank für das Gespräch.

F: Ja, aber ich könnte noch eins sagen: Ich habe im Augenblick gerade eine Familie in der Beratung, wo der Vater dabei ist. Und da find ich die Rolle des Vaters auch ausgesprochen interessant. Einerseits ist er kritisch, kritischer als die Frau. Die Frau kann also sich viel mehr schnell begeistern. Wenn ich also sage: Wie wäre denn, wenn man das so und so macht, das wäre schön. - Frau sofort dabei und der Vater sagt: Wir haben doch schon mal so was gehört und ist nichts dabei herausgekommen, und ist viel schwieriger, insbesondere ihn zu überzeugen. Das ist das eine, was wir aufgefallen ist. Und das andere: Als er Vertrauen zu mir gekriegt hat, da hat er eines Tages gesagt: Es ist so schwer, ein behindertes Kind zu haben, noch dazu ist das schwer autistisch - das Kind ist autistisch. Ich hatte mir vorgestellt, dass ich mit meinem Sohn Fußball spiele, dass wir alles zusammen machen, und da hat er so plötzlich seine ganzen Gefühle so erzählt und das hat mir so unheimlich leid getan. Und der selbe Vater, der so kritisch ist, lässt sich aber nicht jetzt nicht so aus seiner Reserve so rauslocken.

S: Oh, spannend. Wie haben Sie das gemacht, dass er seine Gefühle preisgegeben hat?

F: Ja, ich konnte ihm nur recht geben so. Ich denke, ein geistig behindertes Kind, ein autistisches Kind, wäre so das Schwierigste mit für Eltern. Ach so, dann hat er noch gesagt: Dabei ist unser Sohn so hübsch und so groß, und wenn man ihn nicht kennt, denkt man, er hat gar nichts. Da habe ich zu ihm gesagt: Wenn man ein Kind hat, das auch äußerlich behindert ist, dann ist man gezwungen, sich damit schnell abzufinden, aber wenn man immer wieder vor Augen hat, wie hübsch das Kind ist, und es könnte fast normal sein. Aber das Allerwichtigste, dass nämlich sein Kind seine Eltern liebt, das ist nicht dabei. Das kann man sagen, dass das für die Eltern das Schwierigste ist. Und das empfindet dieser Vater ganz stark, dass er sich abgelehnt fühlt von seinem Kind. Und damit kann die Mutter mehr besser umgehen. Sie ist tatkräftiger und trauert nicht so.

S: Woran liegt das?

F: Ich weiß es nicht. Man sagt ja, dass Frauen irgendwie, wenn es darauf ankommt, irgendwie schneller zum Alltag übergehen können, tatkräftiger sein können, dass sie vielleicht gar nicht so hohe Ansprüche haben an ihren Stolz oder irgendwas. Ja, einfach schneller sagen können: So ist es, jetzt wird die Sache in die Hand genommen. Ich weiß es nicht. Es sind nur Vermutungen. Jedenfalls tat mir der Vater richtig leid. Ich habe mich auch gefragt, ob er so was jemandem schon mal gesagt hat, weiß gar nicht.

S: Ich vermute nicht.

F: Ja.

S: Nur so aus dem Gefühl heraus.

F: Er ist auch nicht der Typ. Sonst ist er so kritisch.

S: Warum ist er so kritisch?

F: Vielleicht weil er frustriert ist, also ihm alles so weisgemacht worden ist, was die machen können, dass dem Kind ihm besser geht. Ja beispielsweise, dieses Kind wird auch mit FC zur Kommunikation gebracht und die Frau ist ein bisschen naiv und sieht nicht wirklich, dass da zum Teil dummes Zeug passiert. Und der Mann sieht das eher, glaube ich. Also das geht so weit, dass da erzählt wird, das Kind könnte nicht nur schreiben und lesen und rechnen, es kann auch Englisch. Dann hat jemand versucht, ob es Französisch kann. Es kann auch Französisch, hat mir die Mutter erzählt. Sie hätte eine Kollegin, die Griechin ist, so haben sie geguckt, ob dass Kind mit FC Griechisch kann, aber merkwürdig - erzählte sie mir - dass er es nicht konnte.[79] Und das kann der

79 „FC" ist die Abkürzung für Facilitated Communication. „Ziel der Methode ist es, die Hilfe allmählich auszublenden, so dass der Schreiber sich schließlich eigenständig über ein Schreibgerät mitteilen kann. Das erfordert jedoch jahrelanges Training und kann wohl nicht in jedem Fall erreicht werden." (Quelle: Nagy, Christiane. Facilitated Communication. Spezielle Fragestellungen. In: Unterstützte Kommunikation 1. Jg. 1996, S. 1)

Vater nicht. Er ist kritischer. Er findet es furchtbar, und deswegen ist er allem - misstrauisch über so genannte Experten.

S: Kann man verstehen.

F: Es muss nicht sein „typisch Mann" oder „typisch Frau". Ich denke, dass der Mann intelligenter als die Frau ist. Vielleicht - wer weiß ja - das als Anmerkung.

S: Herzlichen Dank.

F: Bitte schön.

Interview Nr. 3 mit Herrn St. und Herrn K. (Väter)

S: Welchen Beruf üben Sie aus?

St: Also, ich bin technischer Assistent, arbeite in der Klinik im OP.

K: Ich war 25 Jahre bei der Bundeswehr: Verwaltungsangestellter. Es war auch einerseits - muss ich dazu sagen - gut, ich hab damals Wechseldienst gemacht. Das war für meinen Sohn ideal, weil ich immer einen halben Tag zu Hause war. Habe aber mit der Bundeswehr so meine Probleme gehabt und habe gewechselt. Bin seit einigen Jahren Mautkontrolleur.

S: Welche Vor- und Nachteile bringt Ihnen der Beruf jetzt im Hinblick auf die Behinderung ihres Kindes?

K: Ich sag: Damals war's gut, weil ich immer einen halben Tag zu Hause war. Ich konnte mich mit meiner Frau abwechseln. Ich bin zu Therapien gefahren, ich habe Kontakte mit Therapeuten geknüpft, ich habe etwas mitgekriegt. Wenn ich damals so gearbeitet hätte wie heute, dass ich morgens aus dem Haus gehe und abends wieder komme, da hätte meine Frau die Hauptlast tragen müssen. So haben wir uns teilen können.

St: Bei mir war der Nachteil, dass ich manche Stellen gar nicht annehmen konnte, weil es in meinem Beruf Schicht gibt. Und da meine Frau als Krankenschwester auch Schicht arbeitet, wäre das gar nicht gegangen. Also ich musste mir Stellen suchen, wo es quasi Bürozeiten gab. Also ich konnte gar nicht - durch die Behinderung meiner Tochter, oder unserer Tochter - gar nicht alle Stellen annehmen. Der Vorteil war, dass bei manchen Stellen ein Schichtdienst kam und ich meine Tochter vorschieben konnte, also: Ihr könnt mich da nicht nehmen. Und da wurde - muss ich wirklich sagen - Rücksicht darauf genommen.

S: Können Sie noch mal sagen, was sich so durch die Behinderung geändert hat?

K: Für uns?

St: Beruflich?

S: Beruflich, im Leben.

St: Also, das ganze Leben - würde ich sagen. Bei uns hat sich das ganze Leben geändert. Man hat einen Teil seiner Persönlichkeit aufgegeben, was bei uns dazugehört hat, dass wir überlegt haben, manchmal wirklich weg zu rennen, also es beide nicht mehr ausgehalten haben, diese Anforderungen. Und man hat kein Privatleben mehr. Man konnte keine eigenen Interessen mehr verfolgen. Manchmal war es die Hölle.

K: Man muss sich einfach vorstellen. Ich vergleiche: Meine Enkelin ist zweieinhalb Jahre, braucht rund um die Uhr Betreuung, aber irgendwann geht's in den Kindergarten. Und wir machen das schon 20 Jahre. Mein Sohn wird zwei-, drei mal in der Nacht wach, muss ihn ins Bett bringen, wird wieder wach, wieder ins Bett bringen. Früher was es noch schlimmer. Heute ist es besser. Wir können jetzt sogar darüber lachen, aber es gab schon Zeiten – wie gerade schon der R. sagte: Wäre auch am liebsten weggerannt. Mach es gut. Ohne mich.

S: Wie sehen Sie Ihre Position als Vater in ihrer Familie?

St: Als Vater. Ich würde sagen bei uns das zweite Standbein. Also wie F. schon sagte. Tagsüber hat meine Frau alles aufgefangen, zu Therapien gefahren, hat mit E. gemacht und getan, wenn ich dann von der Arbeit kam, habe ich E. übernommen. Anders wäre es gar nicht gegangen. Man musste an einem Strang ziehen. Ja, wir haben noch ein zweites Kind, einen Sohn als Bruder von E. Man muss schauen, dass es nicht zu kurz kommt. Haushalt, die sozialen Kontakte flachen sowieso ab, weil man sich das gar nicht leisten kann. Man muss alles koordinieren, man muss alles absprechen. Die letzten 20 Jahre waren ganz straff organisiert, sonst hätte es nicht funktioniert.

K: Bei uns war es genauso. Meine Frau hat bis vor vier Jahren noch gearbeitet. Bei uns war's halt so: Dadurch dass sie Schichtdienst gemacht hat, und ich hatte das Glück, dass meine Kollegen darauf eingegangen sind, ich konnte Dienst tauschen, das heißt meine Frau hat früh gemacht und ich spät. Es gab immer einen Wechsel an der Haustür, das Kind übergeben. Und mach's gut Privatleben – also für mich gab's gar keins.

S: Ist Ihre Frau zufrieden, wie sie mit ihrem Kind umgehen?

K: Ich glaub schon. Ich will mir nichts einbilden, aber ich glaub schon.

S: Oder hat sie bestimmte Vorstellungen?

K: Nee, nee, sie ist eigentlich froh, wenn ich zu Hause bin, dass es so läuft.

S: Ja, danke.

S: Und bei Ihnen?

St: Würde ich auch sagen, wobei ich einen schweren Stand hab'. Weil seit meine Tochter in die Pubertät gekommen ist, wir schwere Auseinandersetzung haben. Also berühren schon mal gar nicht, ansprechen nur ganz selten nur, würde sagen stehe in Konkurrenz mit ihr zu meiner Frau. Sie möchte natürlich ihre Mama haben und freut sich, wenn ich auf der Arbeit bin. Und so nach dem Motto: Jetzt kommt Papa und nimmt mir die Mama weg. Und dann bin ich der böse, der ihr die Mama weg nimmt. Die Mama ist alles. Und der Papa nimmt die Mama weg. Also ich habe einen schweren Stand.

S: Welchen Einfluss hat Ihre Frau auf die Ausübung Ihrer Vaterrolle?

K: Welchen Einfluss, weiß ich gar nicht, in welcher Beziehung?

S: Also, wie kann man das jetzt ausdrücken - Können Sie - Moment, ich muss kurz überlegen - Dürfen Sie mit ihrem Kind so umgehen, wie sie möchten, oder hat sie bestimmte Regeln, Vorstellungen?

K: Nö, da habe ich freie Hand, wir haben gute Absprachen, das geht ganz gut.

S: Bei Ihnen?

St: Ist wie bei F. auch. Das klappt ganz gut. Ich muss sagen, wir haben uns gar nicht so großartig abgesprochen. Ich denke, wir haben einfach den gleichen Konsens und das funktioniert.

S: Hat Ihr Kind Geschwister?

K: Ja, eine ältere Schwester. Er ist fünf Jahre jünger.

S: Wie alt ist er?

K: 21.

St: E. ist 19 und hat einen Bruder, der 25 ist.

S: Was bedeutet Ihr behindertes Kind für Ihre Beziehung zu Ihrer Frau? Sie hatten am Anfang schon angedeutet? Vielleicht können Sie noch mal kurz erläutern?

St: Was bedeutet das? Es bedeutet für uns eine andere Art von Beziehung. Man lebt bewusster. Man sieht die Welt oft mit anderen Augen. Man setzt ganz andere Prioritäten, auch die Problematiken auf jeden Menschen, sei es in beruflicher Beziehung, die bekommen eine andere Wichtigkeit und ganz andere Prioritäten, weil - ich weiß es gar nicht, wie ich es ausdrücken soll - also überspitzt gesagt würde ich sagen: Es war ein Geschenk, so ein Kind zu bekommen, weil ich denke, ich würde auch meine Frau - ich würde die Welt nicht mit diesen Augen sehen, wenn ich ein gesundes Kind hätte oder nur gesunde Kinder einfach. Was ich durch E. lernen musste, wo ich ihr sehr dankbar bin.

S: Und was ist negativ?

St: Negativ ist, dass mir ein Teil von meinem Leben fehlt. Ich sag' nicht 20 Jahre, weil kleine Kinder auch brauchen. Vielleicht so 15 Jahre. Da fehlt mir ein Stück, das ich der Familie und E. geben musste, wo ich nicht so Leben konnte, wie ich es mir gewünscht habe.

S: Danke.

K: Im Prinzip geht es mir genauso.

S: Wie denken andere über ihre Situation - Nachbarn, Freunde, Familie, also Verwandte?

K: Also, ich will mich nicht - ich glaube schon, dass viele es zu schätzen wissen, was wir machen. Ja, das glaube ich schon, aber viele können auch nicht einschätzen, was an Arbeit dahinter steckt, also jetzt für uns. Meinem Sohn sieht man im ersten Moment gar nichts an. Er sieht aus wie ein gesunder junger Mann, und Sie sehen eigentlich gar nicht, was für eine Arbeit dahinter steckt. Können die auch gar nicht. Ich sag ihnen noch ein Beispiel: Ich habe einen Kollegen gehabt. Er hatte ein behindertes Kind gehabt. Da war mein Sohn noch nicht auf der Welt. Er hat mir im Nachtdienst erzählt von seinem Sohn. Er war schwer krank. Er hat damals einen Wasserkopf gehabt. Musste ein paar Mal operiert werden, und ich habe es mir immer angehört. Verstanden habe ich es dann, als wir selbst einen hatten.

S: Wie ist es bei Ihnen?

St: Ich denke die Familie weiß das auch zu schätzen, weil Omas und Opas glücklicherweise immer eingesprungen sind. Freunde wissen es auch zum größten Teil. Ich muss dem F. schon recht geben. Nachbarn, Menschen von außen können das schlecht einschätzen. Das ist jetzt nicht negativ gemeint, weil ich es auch nicht abschätze, was es bedeutet, am Fließband acht Stunden zu stehen, weil ich es noch nicht gemacht habe. Da kann ich mir einfach kein Urteil erlauben, und ich kann's deswegen den Leuten nicht übel nehmen, wenn sie es nicht zu schätzen wissen, weil, was ich mir wünschen würde, ist einfach, dass die Leute offener auf einen zugehen. Beziehungsweise haben viele Eltern, aufgrund von schlechten Erfahrungen mit ihren behinderten Kindern an die Öffentlichkeit zu gehen, weil man dumm angeschaut wird, weil vielleicht die Kinder sabbern. E. sitzt im Bus und führt Selbstgespräche. Ich meine, das fällt auf, alles guckt und das muss man als Eltern aushalten können. Ich denke, unsere Gesellschaft muss einfach öfter mit behinderten Menschen konfrontiert werden, damit diese Andersartigkeit ein Stück Normalität ist und nicht mehr Angst davor haben.

S: Gibt es Gefühle, die Sie nicht zeigen können?

St: Nein, eigentlich nicht.

K: Weiß ich nicht, also ich kann mir vorstellen, aber nicht benennen. Also ich bin nicht derjenige, der ganz offen rausgeht. Es gibt auch Bereiche, wo ich sage: jetzt Schnitt.

S: Wie gehen Sie damit um?

K: (Schnauft ganz tief) Ich muss damit selbst fertig werden. Das ist einfach so. Jetzt im Moment fällt mir kein Bereich ein, ich bin nicht derjenige, der ganz offen außen geht. Ich habe aber auch viel dazugelernt. Ich war allein mit meinem Sohn an der Mosel mit dem Motorrad. Wir haben uns eine kleine Pension ausgesucht. Mein Sohn lief gleich ins Wohnzimmer. Ich sagte dem Vermieter, dass mein Sohn behindert ist. Er sagte, ist in Ordnung. Und am nächsten Tag wollte er wissen, was mein Sohn hat. Wir haben uns drei Stunden unterhalten. Es war klasse. Es war für mich ein Geschenk. Man kommt irgendwo hin, wo die einen nicht kennen – die hören manchmal besser zu wie Verwandte oder gute Bekannte, wo man denkt, sie müssten es eigentlich verstehen.

S: Und wie gehen Sie mit Gefühlsproblemen um, wenn Sie welche haben?

St: Wollte ich gerade sagen. Hab' da eigentlich keine Probleme, weil ich da sehr offen bin, gerade in der Öffentlichkeit. Dann werde ich ziemlich hibellig, wenn ich merke, dass Menschen da - also Unverständnis oder blöd kommen, mit blöden Bemerkungen also. Da kann ich schon wütend werden, dann denke ich, erst recht. Gerade diese Leute will ich damit konfrontieren. Und ich denke, das muss man sich auch nicht bieten lassen, egal ob behindertes oder gesundes Kind.

S: Ja, haben Sie einen Kinderwunsch?

St: Kinderwunsch nicht mehr. Ich hab' zwei Kinder. Und auch vom Alter her, ich würde sagen von der biologischen Sicht her, bin ich der Meinung, man soll Kinder in jüngeren Jahren bekommen, weil man bessere Nerven hat. Ich hab mein erstes Kind mit 21 bekommen. Ich denke, man hat auch einen besseren Draht zu den Kindern, weil der Generationsunterschied nicht so groß ist. Bilde mir ein, man versteht seine Kinder besser, weil - wie gesagt - der Altersunterschied nicht zu groß ist für mich und auch für meine Frau. Das ist abgeschlossen. Unsere Tochter wohnt jetzt in einem Betreuten Wohnen. Ich bin froh,ein Stück Paarbeziehung wieder zu leben. Nicht Mama und Papa, sondern Mann und Frau, die auch Geliebte sein sollten. Und das möchte ich jetzt auch wieder leben und nicht mit einem Säugling jetzt noch mal anfangen. Das ist absolut kein Thema mehr.

S: Alles klar.

S: Bei Ihnen?

K: Das haben wir schon lange abgeschlossen, wobei wenn der C. gesund gewesen wäre, hätte ich mir damals vorstellen können ein drittes. Aber vier, fünf Jahre danach war kein Thema mehr.

S: Können Sie noch mal sagen, was Sie sich von ihrer Familie, Verwandten, Nachbarn wünschen?

K: Dass sie den C. akzeptieren, so wie er ist sie, ihn annehmen. Das heißt, ich wünsche mir, wenn wir Familienfest haben und C. würde weglaufen, dass einfach jemand anders aufsteht, ohne dass ich sagen würde: „Mensch, kannst du gucken". So bisschen abnehmen, das wäre für uns ganz toll. Das wird manchmal gemacht, aber das würde ich mir öfter wünschen, dass es selbstverständlich wäre, ohne dass ich sagen muss: „Mensch, kannst du jetzt mal". Wir machen es automatisch, weil wir nicht mehr betteln wollen.

S: Und was wünschen Sie sich?

St: Ich habe diesbezüglich gar keine Wünsche. E. lebt ihr eigenes Leben, fühlt sich wohl, und auch sehr gute soziale Kontakte, und auch in der Vergangenheit mit der Familie es gut geklappt hat. Was ich mir einfach wünschen würde ist, dass da, wo immer E. ist, einfach die Menschen, die in dieser Umgebung leben, sie mal mit einbeziehen würden – sei es bei irgendwelchen Straßenfesten...

S: Möchten Sie etwas dazu sagen?

K: Bei uns im Dorf gibt es einen Jungenclub. Er würde unheimlich gerne dahin gehen. Vielleicht liegt es auch an mir selbst. Ich könnte Ihn einfach dahin schicken. Ich müsste nur eine Begleitung für ihn besorgen. Aber man erwartet oft so, dass ein Schritt von außerhalb kommt, so ein Signal, das einer sagt: „Mensch komm, wir nehmen ihn auch mit". Deshalb hat es auch mit Gefühlen zeigen zu tun, wie es der R. schon sagte, er würde es besser machen. Aber es fällt mir noch schwer, wir arbeiten dran. Es wird schon besser, aber es ist schwer.

St: Doch einen großen Wunsch hätte ich noch.

S: Ja, bitte.

St: Und zwar, dass wir mit Behörden, Krankenkassen oder ähnlichen Institutionen – dass wir da einfach in Ruhe gelassen werden würden. Das fängt an, wenn die Windeln nicht mehr passen, weil man im Sanitätshaus, mit den Krankenkassen Arbeit, Energien rein steckt, die eigentlich unser Kind braucht. Das ist was mich am meisten ärgert. Man hat sowieso seinen Schaff und ist belastet ohne Grenzen. Krankenkassen oder Behörden wissen z. B., dass – bei einem behinderten Kind ändert sich nichts groß – und jedes Mal neue Anträge von vorne, Ablehnung und Widerspruch und man muss soviel Energie darein stecken, um das, was einem eigentlich gesetzlich zusteht zu bekommen. Eigentlich würde ich erwarten, dass der Gesetzgeber sagt: So ist schlimm genug, dass sie so ein Kind haben. Das und das steht Ihnen per Gesetz zu. Aber es ist so, dass man um alles kämpfen muss, und das kostet so viel Energien, und diese Energien hat man weiß Gott nötiger für sein Kind und sich. Das ist ein Riesenwunsch von mir, wenn da die Institution einfach mal da ein Auge drauf hätten, wenn sie mal dafür Verständnis hätten und man nicht immer wieder von vorne anfangen muss.

S: Ja, vielen Dank für das Gespräch.

K: Ich würde mich auch gerne da anschließen. Als C. nach einem Vierteljahr das Krankenhaus verlassen hatte und die Diagnose „geistige Behinderung" lautete, war uns auch schon klar, dass das ein Ärztefehler war. Wir waren aber damals so fertig, dass wir die Kraft dazu nicht hatten zu klagen. Als wir uns aufgerafft hatten, da waren sechs, sieben Jahre vorbei. Da war die Sache schon verjährt. Ich hätte mir gewünscht, dass die Klinik auch so ehrlich gewesen wäre und hätte gesagt: Leute, da ist was schief gelaufen, es gibt hier eine außer klinische Stelle, da lassen wir es überprüfen. Es ging nicht persönlich um den Arzt, sondern dass man klärt, dass da jemand ist, der sagt: Mensch, ich begleite euch, und wir stehen dann auch dahinter. Das hätte ich erwartet. Ich muss dazu sagen, dass ich in meiner Zeit auch gute Behörden erlebt habe. Wir hatten bei der Krankenkasse jahrelang einen sehr guten Sachbearbeiter, der Fingerspitzengefühl hatte, der mich auch unterstützt hat, der mich auch angerufen hat. Aber diese Fälle sind ganz selten. Ich möchte gerne, dass mir jemand die Arbeit abnimmt. Eigentlich sind sie für uns da und nicht umgekehrt.

S: Sind sie schlecht ausgebildet?

K: Ja, zum Teil schon.

St: Ja.

K: Manchmal ist es lachhaft.

St: Bei der Krankenkasse sind wir bei einem Sachbearbeiter rangekommen, dem wir sagen mussten, was uns zusteht und wie die Gesetzeslage ist. Also es war so, ungelogen.

S: Ja, ich glaube es Ihnen.

S: Ja, herzlichen Dank.

K: Nichts zu danken.

S: Vielen vielen Dank.

St: Bitte schön.

Interview Nr. 4 mit Herrn St. (Vater)

S: So, welchen Beruf üben Sie aus?

St: Industrie-Buchbinder.

S: Welche Vor- und Nachteile bringt Ihnen der Beruf im Hinblick auf die Behinderung Ihres Kindes?

St: Ja, also, da ich Schicht arbeiten muss, ist halt so, dass ich halt nicht immer da bin. Von der Zeit musste halt alles so geregelt werden, dass immer einer, entweder meine Frau zuhause oder ich zuhause war, und das war manchmal ziemlich schwierig, weil halt das nicht immer in Einklang zu bringen war mit der Firma, und das hat auch mit Arbeitskollegen auch manchen Kampf gekostet, weil ich manchmal Urlaub gebraucht hab oder öfters Urlaub gebraucht hab, wenn dann vielleicht mal bei uns viel Arbeit war. Und das haben viele, oder die meisten sehen das heute auch noch nicht ein, das ist halt so, solange du selbst nicht betroffen bist von einer Sache. Mittlerweile hat ein Arbeitskollege selbst ein behindertes Kind, der denkt mittlerweile anders. Und von daher ist alles immer so ein Balanceakt. Ich musste um Urlaub betteln, wenn ich einen Termin beim Arzt mit meiner Frau und meinem Kind zusammen wahrnehmen wollte, das war nicht immer einfach.

S: Was hat sich jetzt insgesamt geändert durch die Behinderung?

St: Durch die Behinderung hat sich fast unser ganzes Leben umgestellt, wie es vorher war. Man hat neue Freundschaften geschlossen. Wo man früher gedacht hat, das wären Freundschaften, sind die kaputt gegangen, man sieht keinen mehr davon. Geändert hat sich unheimlich viel, nachdem der D. geboren war, wurde unser Leben danach ausgerichtet. Das fing an bei den täglichen Sachen, kann man nicht mehr alles so realisieren, weil es sind so viele Sachen, die mittlerweile für uns ganz normal sind, die aber für andere nicht normal wären. Es fing an, wenn wir in Urlaub gegangen sind, und auf einmal mussten wir unser Leben umstellen, wo wir zur bestimmten Zeit in bestimmte Orte hinfuhren. Es geht weiter bei alltäglichen Sachen, beispielsweise essen gehen, dass wir nur in bestimmte Lokale gegangen sind, weil wir in manchen Lokalen blöd angeguckt werden, wenn du mit D. reinkommst. Das ging weiter mit seiner Kommunion, das war also immer ein Kampf, den D. unterzubringen, selbst bei der Kommunion sind die Pfarrer skeptisch, die eigentlich dahinter stehen müssen, die Behinderung als normal ansehen müssten, da hatten wir Schwierigkeiten, damit er die Kommunion machen konnte, und so weiter. Es sind also ganz viele Sachen, die sich für uns geändert haben im Leben, die wir heute nicht mehr so sagen können. Eine Hilfe war wirklich die Schule, sonst musste man für jede Sache, egal wo, kämpfen, sei es beim Wohlfahrtsverband, sei es um Sachen, die von der Krankenkasse gebraucht wurden. Nicht selbstverständlich, dass du die Sache beantragt hast, genehmigst bekommst, das hat eigentlich geprägt. Oder wir sind früher viel ins Kino gegangen, essen, wie soll das noch gehen?

S: Wie sehen Sie Ihre Position als Vater in der Familie?

St: Wir versuchen, das gleich aufzuteilen, obwohl schon die meisten Sachen bei der B. hängen bleiben, weil B. am meisten zuhause ist. Ich versuche es zwar, dann zu entlasten, wo es geht, es geht aber nicht immer, weil einfach auf der Arbeit Anforderungen gestellt werden, da wo ich nicht mehr beeinflussen kann, wenn unser Sohn zum Arzt gehen muss. Es kommt vor, dass ich nicht mitgehen kann, weil ich nicht immer Urlaub bekomme, du bekommst ganz deutlich gesagt, wenn du die Überstunden nicht machst, dann kannst du bei der nächsten Entlassung gehen.

S: Ja, können Sie mit D. umgehen, wie Sie möchten, oder hat da Ihre Frau bestimmte Wünsche, wie Sie mit ihm umzugehen haben?

St: B. hat da schon ihre Vorstellungen, Ich bemühe mich zwar, das zu machen, wie ich das denke, aber gut, die B. hat ihre Vorstellung, will ich da auch gar nicht dazwischen reden, und ich halt mich so im Großen und Ganzen an die Vorstellung, die sie hat, obwohl manchmal das übertrieben ist, was sie da macht. Das mit dem Aufs-Klo-gehen, er hat bei mir noch nie in die Hose gemacht, wenn er zeigt, dass er aufs Klo gehen will, ich aber nicht jedes Mal mit ihm gehe, und so weiter. Ich meine, wenn er zeigt und es kommt nichts an, die B. sieht das halt enger.

S: Welchen Einfluss hat Ihr Kind auf die Ausübung Ihrer Vaterrolle?

St: Also, da kann ich gar nicht so viel sagen, weil Vater bist du mit einem behinderten und nichtbehinderten Kind, und das hat gar keine Auswirkung, denke ich, wüsste jetzt nichts.

S: Hat Ihr Sohn Geschwister?

St: Ja, eine Schwester.

S: Wie alt ist Ihr Kind?

St: D. ist 21, und die N. ist 14, also 15 jetzt.

S: Welche Bedeutung hat Ihr Kind für die Beziehung zu Ihrer Frau?

St: Ich denke, dass sich unsere Beziehung gefestigt hat. Bei vielen, die wir so kennen gelernt haben in der Szene, war das so. Viele in der Zeit haben sich scheiden lassen, bei uns ist es eher umgekehrt gewesen.

S: Was bedeutet für Sie Vater eines behinderten Kindes zu sein?

St: Mein Leben ist ziemlich auf die Bedürfnisse des behinderten Kindes ausgerichtet. Und alles andere steht hinten an, also Karriere. Ich wollte vieles machen, ich war damals, ich hatte eine gute Gesellenprüfung gemacht und so weiter. Ich wollte noch den Meister machen.

S: Gibt es Dinge, die Sie als positiv sehen?

St: Ja, ich habe dadurch, durch D., unheimlich viele Leute kennen gelernt, die ich heute nicht mehr missen möchte. Es sind Gespräche entstanden und

Freundschaften oder Beziehungen entstanden, die klasse waren, zum Beispiel zu den Lehrern. Er ist drei Jahre aus der Schule, aber der Kontakt zu ihnen besteht noch. Wir waren in der Schule sehr engagiert, wir kamen mit vielen Menschen in Kontakt. Jetzt packe ich die Behinderten ganz anders an oder ich kann ganz anders umgehen heute, wenn ich mit Behinderten zusammen bin, ist Normalität. Früher wäre ich wahrscheinlich vorsichtig gewesen.

S: Wieviel Zeit verbringen Sie mit Ihrem Kind?

St: Mittlerweile nicht mehr so viel, weil er in einer Wohneinrichtung ist, aber früher eigentlich, sowie er aus der Schule gekommen ist, hat er halt unsere Zeit aufgebraucht.

S: Wie ist das, hatten Sie auch Zeit für seine Schwester?

St: Wir haben uns bemüht, war immer so ein Balanceakt. N. ist eigentlich zu dieser Zeit ziemlich kurz gekommen. N. war halt gesund. Sie hat sich damit arrangieren wollen, wir sagen so, obwohl es ihr schwer gefallen ist, aber sie ist so verständig gewesen, dass ich denke, dass sie es akzeptiert hat.

S: Wie denken andere über Ihre Situation, Familie, Nachbarn, Freunde?

St: Nachbarn eigentlich kommen ganz gut klar, und die sehen, welche Arbeit man mit dem Behinderten hat. Mit Arbeitskollegen ist es sehr schwierig, mit den meisten Arbeitskollegen, weil sie sich die Arbeit gar nicht vorstellen können, überhaupt nicht sehen können, was das für eine Arbeit ist. Mit Geschwistern hast du eigentlich wenig Hilfe gehabt, auch mit denen, die Verständnis gezeigt haben, teilweise Ablehnung, von der Schwester von meiner Frau: Sie sagte, wenn ich so ein Kind hätte, wäre es schon tot.

S: Gibt es Gefühle, die Sie nicht zeigen?

St: Nö, ich eigentlich nicht. Halt gut, du kannst auf der Arbeit, wenn du Urlaub abgelehnt bekommst, nicht sagen, ich will es doch haben.

S: Haben Sie einen Kinderwunsch?

St: Nö, nicht mehr (lacht). Das ist vorbei.

S: Warum nicht?

St: Erstens hatte meine Frau vor D. zwei Fehlgeburten, dann die N. Nach der N. hat sich meine Frau gleich sterilisieren lassen, und deshalb ist es vorbei. Mittlerweile sind wir viel zu alt, das Risiko wäre zu groß.

S: Können Sie noch mal kurz sagen, was empfinden Sie, wenn andere auf die Behinderung aufmerksam werden?

St: Eigentlich ist das für mich normal, wenn er oder sie Fragen stellen. Meistens sind es Kinder, Erwachsene sind da bisschen scheu, wagen sich nicht gleich, Fragen zu stellen, oder haben selbst mit Behinderten zu tun. Dann stellen sie präzise Fragen. Aber ansonsten sehe ich das normal an. Ich tue auch die Fragen beantworten. Wir versuchen, D. überall mitzunehmen und zu zeigen, dass die Behinderung normal ist. Mittlerweile sind wir so selbstbewusst geworden, dass wir ziemlich locker reagieren auf solche Sachen wie Ablehnung in der Gaststätte.

S: Könnten Sie ganz kurz sagen, was Sie sich vom sozialen Umfeld wünschen?

St: Ja, soziales Umfeld mehr Verständnis für die Lage von den Eltern. Die Lage von den Eltern wird meistens unterschätzt, also von Arbeitgebern und von Arbeitskollegen her, das war das Schwierigste, seit der D. da ist, es ist heute noch so.

S: Okay. Vielen Dank für das Gespräch!

St: Bitte.

Interview Nr. 5 mit Herrn W. (Vater)

S: Welchen Beruf üben Sie aus?

W: Ich arbeite als Dozent in der Erwachsenenbildung. Mein Beruf ist Betriebswirt.

S: Welche Vor- und Nachteile bringt Ihnen der Beruf jetzt im Hinblick auf die Behinderung Ihres Kindes?

W: Bei uns in der Familie ist es so, dass eine Person ständig zur Verfügung stehen muss. Mein Sohn geht in einen Kindergarten - ein Kindergarten der Frühförderung, wo Kinder mit Behinderung betreut werden. Und da mein Sohn an einer Epilepsie leidet, Anfälle hat, die nur sehr schwer einstellbar sind, muss immer jemand sprungbereit sein für das Kind, d. h. das Kind aus der Kindergartenstätte zu holen bzw. auch jederzeit zu Ärzten, Therapien fahren etc., d. h. die zweite Person in unserer Familie kann nie einer vollen beruflichen, hauptberuflichen Tätigkeit nachgehen.

S: Können Sie kurz erläutern, was sich jetzt durch die Behinderung insgesamt geändert hat? - Im Vergleich zu vorher.

W: Ein bisschen schwer zu beantworten. Ich versuche es trotzdem. F. ist unser einziges Kind. Insofern, wäre der F. gesund, hätte es so eine Einschneidung in unserer Familie nicht gegeben. Wir waren vorher sozusagen zwei Individualisten, die verheiratet sind, sehr lange vorher in der Partnerschaft gewesen sind, und mit dem Kind gibt es natürlich eine neue Familienkonstellation, die wir uns natürlich anders erhofft hatten. Mit der Geburt eines Kindes muss man sich auf das Kind einstellen. Mit dem plötzlichen Auftreten der Erkrankung, der Behinderung, traten neue, andere Schwierigkeiten auf, die man überhaupt nicht erwartet hat. Auf die Situation „Kind bekommen, dafür zu sorgen", kann man sich vorher einstellen, aber auf die Situation „Behinderung, schwere Erkrankung" - kam wie ein Schlag mit dem Hammer ins Gesicht. Da steht man erst mal vor der Situation. Wie bewältigt man das erst mal persönlich - selbst - mit dem eigenen Gefühl, mit eigener Kraft, dann als Familie und dann natürlich auch: Wie bewältigt man das für das Kind? Veränderungen gegenüber vorher? 100 % für das Kind da zu sein, keine Zeit mehr für die Partnerschaft, heißt vorher hatte man sich nur mit dem Partner auseinander zu setzen, jetzt setzen sich beide Partner mit der Erkrankung, der Behinderung des Kindes, auseinander. Was aber, dass bei uns dazu geführt hat, dass wir als Partner ein Team geworden sind, das eine schwere Krise des Lebens bewältigt hat. Das heißt die Partnerschaft ist in anderer Hinsicht auf die Probe gestellt worden. Man war vorher schon miteinander da, mochte sich gerne, ja möchte das Leben gemeinsam bewältigen, und plötzlich tritt eine ganz andere schwierige Situation auf. Wir als Team haben uns auf die Situation eingespielt, jeder übernimmt seine Rolle, jeder trägt dazu bei, die Situation zu bewältigen.

W: Wenn es nicht konkret genug ist, müssen sie einfach nachfragen (lacht).

S: Nein, nein, Sie haben es wunderbar beschrieben. Eine Frage zur Erziehung: Können Sie ihre Vorstellung von Erziehung mit einbringen? Oder ist eher so, dass Ihre Frau sagt, wo es lang geht?

W: Also, ich denke, dass wir beide unsere Vorstellungen von Erziehung mit einbringen. Ich glaube, es ist kaum ein Unterschied zu anderen Familien.

S: Ja.

W: Die Situationen - ich versuche es so aufzugreifen - die Situationen von Mann und Frauen, die verantwortlich für die Erziehung eines Kindes sind, haben immer unterschiedliche Ansätze, und oft ist es so, dass die Frauen überwiegend für die Kinder da sind. Trotzdem ist es auf der anderen Seite von der Sicht des Kindes gesehen so, dass die Kinder ja beide Personen, Vater, Mutter, als Reibungspunkte benötigen, da ihre Reibungen austesten, erlernen. Insofern denke ich, dem Kind tut gut, zwei Pole zu haben, diese Pole können unterschiedlich sein, und das spiegelt sich aber in unserer Familie, unabhängig jetzt von der Rollenverteilung, die bei uns ein wenig anders ist als bei anderen Familien - aber diese Reibungspunkte, diese Pole, sind genau dafür, für das Kind, auch wenn es sprachlich für das Kind durch die Behinderung schwer ist, aber wir spüren es.

S: Wie alt ist ihr Sohn?

W: Sechs Jahre.

S: Ja, Sie hatten schon ein bisschen angedeutet - was bedeutet Ihr behindertes Kind für die Beziehung zu Ihrer Frau?

W: (lacht) Ich muss ein paar Sekunden nachdenken.

S: Gerne, klar.

W: Können wir die Frage nach hinten stellen?

S: Ja, klar.

W: Vielleicht noch mal zum Schluss aufgreifen.

S: Ja. Danke schön. Wie denken andere über Ihre jetzige Situation? Also Verwandte, Familie, Freunde. Was denken sie darüber?

W: Also aus beiden Familien, aus meiner Seite heraus, Mutter und Brüder, und auch aus der Familie von meiner Frau empfinde ich, dass alle den F. als vollwertiges Familienmitglied sehen und behandeln.

S: Ja, gibt es Situationen, die sie mit Ihrer Familie nicht besprechen können, oder ist es so, dass Sie alles besprechen können?

W: Jetzt mit meiner Familie, Frau und dem Kind selber?

S: Ja.

W: Fällt mir eigentlich nichts ein jetzt, in Bezug auf das Kind besprechen wir alles.

S: Ja, sehr schön, haben sie einen Kinderwunsch?

W: Nein (lacht).

S: Warum nicht?

W: Ich bin schon ein wenig älter, über 50 Jahre, und die Situation, die schwer zu bewältigende Situation, ein behindertes Kind zu haben, erfordert viel Leid und Kraft meiner Person, so dass ich mir nicht vorstellen könnte, ein weiteres Kind zu haben.

S: Ja, danke sehr. Was empfinden Sie, wenn jetzt andere Sie auf die Behinderung Ihres Kindes ansprechen, und wie reagieren Sie?

W: Ist eine schwierige Frage, aber trotzdem versuche ich Ihnen zu antworten.

S: Ja, danke sehr.

W: Es ist unterschiedlich, wie die Menschen auf mich reagieren. Das ist der eine Punkt, und das zweite ist ja, – Kommunikation – wie ich mit meiner Situation umgehe.

S: Ja, spannend, ja stimmt.

W: Vielleicht kann ich nachher Beispiele bringen. Sage ich jetzt mal: Bei uns in der Nachbarschaft empfinde ich es auch als positiv, wie ich bei der Familie geschildert habe.

S: Ja.

W: Die Nachbarn freuen sich, dass das Kind laufen lernt. Sie sprechen mich drauf an, manchmal sogar fremde Menschen im Dorf, dass sie sagen: Ach, der F. kann schon so toll laufen. Ist für mich ein ungeheures Aha-Erlebnis. Hängt aber auf der anderen Seite damit zusammen, denke ich, wie ich mit der Situation umgehe, wie ich mit F in der Öffentlichkeit umgehe.

S: Ja.

W: Wirkung und Gegenwirkung, Gegenreaktion.

S: Ja, das stimmt.

W: Ich verstecke den F. nicht, wir verstecken den F. nicht. Wir gehen nach draußen. Wir haben auch unsere schwierigen Situationen. Manchmal ist der F. geräuschempfindlich, wenn er draußen Laster hört, dann fängt er an zu schreien. Wenn ich selber genervt bin, dann nehme ich ihn über die Schulter und lasse ihn schreien. Das heißt, Nachbarn erleben sowohl positiv als auch negativ, wie ich mit dem Kind umgehe, aber das ist trotzdem ein offener Umgang. Nicht dass ich gegenüber dem Kind aggressiv bin, sondern versuche einfach auch in der Situation normal zu bleiben, aber ich habe das Gefühl, dass die Nachbarn es in Ordnung finden.

S: Hätten Sie da Wünsche an Ihr soziales Umfeld?

W: Ja, der Wunsch ist natürlich zum einen, dass F. in der Zukunft so akzeptiert wird. Kleine Kinder sind ja niedlich. Kleine Kinder fallen ja zunächst als behindert nicht auf, aber je älter sie werden - zehn, zwölf Jahre, dann wird es schwieriger mit dieser Toleranz oder Akzeptanz gegenüber uns. Und dem F. - ich möchte, dass es so erhalten bleibt. Das ist mein Wunsch.

S: Ja, danke schön. Ähm, was bedeutet für Sie Vater eines behinderten Kindes zu sein? Was ist für Sie belastend oder positiv?

W: Positiv sehe ich, dass das Kind sich trotz aller Schwierigkeiten - wollte ein anderes Wort nehmen, na ja ist egal - lebenslustig ist. Sehe in diesem Kind einen lebenslustigen Menschen.

S: Ja spannend.

W: Das ist für mich sehr wichtig und sehr positiv, was aber ich geschehen könnte, wenn das Kind normal wäre. Positiv sehe ich auch, obwohl er nicht sprechen kann, kommunikative Ebenen finden. So wie wir miteinander Spaß haben können, wie wir Musik machen. Er auf seine Art und ich auf meine. Dass man also Möglichkeiten findet, miteinander zufrieden oder auch glücklich zu sein. Aber glücklich wäre vielleicht übertrieben zu sagen, also schöne Zeit miteinander zu verbringen. Negativ? - die Belastungen. Immer dieses „verfügbar zu sein", Planungen ganz schnell über'n Haufen schmeißen, manchmal das nicht erkennen, was das Kind will, weil es nicht sprechen kann. Negativ aus der Situation heraus, nicht wegen des Kindes. Positiv vielleicht auch noch, dass wir viele Menschen kennen gelernt haben, wir haben auch eine Art Solidargemeinschaft mit Familien ähnlicher Situation. Das tut unheimlich gut, sich mit Menschen ähnlicher Probleme auszutauschen.

S: Jetzt noch mal die Frage: Wie ist ihre Beziehung zu Ihrer Frau durch diese ganzen Veränderungen?

W: Also ich sehe die Beziehung gefestigt. Wir haben die Beziehung, die auch Höhen und Tiefen hat, wie das vermutlich in jeder anderen Beziehung auch ist. Probleme mit Kindern und Kindergarten. Diese Belastungssituationen sind ganz anders. Ich spreche jetzt nicht von Familien mit behinderten Kindern. Diese Höhen und Tiefen haben wir auch, was ich positiv finde oder toll, dass wir aus den Krisen immer wieder herauskommen, bei uns steht Trennung nicht zur Debatte, denke ich, und ich denke meine Frau auch, und das nicht um Willen des Kindes. Bei vielen ist es so, dass sie sagen: Wir bleiben wegen der Kinder zusammen. Aber bei uns ist es nicht so, und ich hoffe, dass es dabei bleibt.

S: Vielen, vielen Dank für das Gespräch und dass Sie sehr offen waren und dass sie sich die Zeit genommen haben, obwohl sie selbst wenig Zeit haben.

W: Bitte schön - finde es sehr schön, dass Sie sich mit diesem Thema auseinander setzen.

Interview Nr. 6 mit I. (Mitarbeiterin)

S: Was für eine Ausbildung haben Sie absolviert?

I: Ich habe Kinderkrankenschwester gelernt. Nach dem Abitur konnte dann direkt eine Ausbildung anfangen. Von '86 bis '89 habe ich die Ausbildung gemacht. Von '89 bis '92 habe ich dann als Kinderkrankenschwester in dem selben Haus noch gearbeitet, und dann habe ich mir überlegt, dass es nicht alles gewesen sein kann, und habe ein bisschen gesucht für mich, und dann habe ich entschieden, Sozialarbeit oder Sozialpädagogik hier in Marburg zu studieren. Bin dann '92 hierher gekommen, habe '98 meinen Abschluss gemacht, dann noch zwei, drei Jahre als Kinderkrankenschwester gearbeitet und seit 2001 arbeite ich als Pädagogin.

S: Ja, spannend. In welcher Art und Weise haben Sie mit geistig behinderten Kindern zu tun?

I: Also, was ich schon vorhin gesagt habe, ich würde es schon gerne trennen: meine Zeit im Krankenhaus als Kinderkrankenschwester und jetzt seit 2001 in Kirchhain, also im Krankenhaus als Bezugsschwester. Ich „pflege" das Kind, und für Kirchhain würde ich sagen „betreue" das Kind, bin für viele Belange zuständig. Ich bin Bezugsbetreuerin, auch für zwei Kinder, und das bedeutet eben auch, dass ich mit den Eltern Kontakt habe. Das bedeutet, dass ich mich um organisatorische Sachen kümmere, Arztkontakte Therapieabsprachen, aber auch eben das Persönliche für das Kind. Und dass, sozusagen - hört sich aber etwas technisch an - ein Erziehungsplan - für die persönlichen Bedürfnisse des Kindes bin ich auch verantwortlich, das zu erkennen und darauf einzugehen und transparent zu machen für meine Kollegin in Team.

S: Nehmen Sie regelmäßig an Fortbildungen teil?

I: Ja.

S: Wenn Sie Menschen mit einer Behinderung auf der Straße sehen, was geht Ihnen da durch den Kopf?

I: (lacht) Ja, ganz viel im Moment. Das ist ganz unterschiedlich, je nachdem. Was für eine Behinderung - oder wie es dem Menschen geht. Das hängt damit zusammen - manchmal denke ich, es ist auch Mitleid da, was hat sie an den Armen oder Händen, was hat sie für ein Schicksal? Manchmal denke ich: Der Mensch ist spannend, der würde mich interessieren, den würde ich gern kennen lernen. Manchmal ist es - Behinderung hat für mich mittlerweile einen anderen Stellenwert. Früher hätte ich da eher Berührungsängste gehabt, hätte den Blickkontakt irgendwie vermieden, hätte mich wahrscheinlich ausweichend verhalten. Aber habe das für mich nicht mehr so - mit Behinderung -, mein Anspruch ist immer, keine Bewertung zu haben, Behinderung ist für mich eine andere Form von Leben, aber nicht irgendwie: Der hat aber Defizite oder so was.

S: Ja, spannend. Was halten Sie von Pränataldiagnostik?

I: Also, ich kann einfach keine eindeutige Antworten geben. Es ist schwierig, sich kurz zu fassen und trotzdem alles, was mich bewegt, darein zu geben. Pränataldiagnostik finde ich wichtig oder ist für mich sehr wichtig, würde auf sie nicht verzichten auch für mich persönlich, da sind aber persönliche Berührungen mit dabei, persönliche Betroffenheit. Ich bin Überträgerin einer bestimmten Krankheit, die einschneidend sich auch auswirken würde, wenn ich ein Kind mit dieser Krankheit kriegen würde, und für dieses Kind zu überleben, wäre es wichtig, diese Diagnostik zu machen. Das ist meine persönliche Sache, aber da habe ich auch meine Grenzen, ich würde nie eine Pränataldiagnostik, um zu entscheiden oder mit der Frage, das Kind abzutreiben oder nicht, und ich bin gegen Abtreibung. Und deswegen - das ist der Hintergrund. Ich denke, das sollte jede Frau für sich entscheiden. Ich finde, man muss mit ihr verantwortungsvoll umgehen und ist auch mittlerweile entbehrlich, also ich finde es wichtig, Behinderung nicht zu verhindern, sondern ihr verantwortlich gegenüber zu treten, also damit mein Kind überleben kann, ist natürlich auch ein ethischer Aspekt dabei, ist halt meine Einstellung.

S: Wie wichtig ist der Kontakt zu den Vätern für die Zusammenarbeit mit Familien?

I: Für mich als Betreuerin des Kindes oder für das Kind?

S: Für Sie.

I: Für mich ist der Kontakt sehr wichtig, weil Vater und Mutter für das Kind wichtig sind und - also, über den Kontakt zu mir gestaltet sich auch der Kontakt zum Kind, wenn ich aus der Perspektive der Kinderkrankenschwester oder aus der Perspektive jetzt als Betreuerin in Kirchhain - und ich denke, die Väter sind einfach unentbehrlich.

S: Wie ließe sich die Zusammenarbeit gestalten, sage ich mal, wenn jetzt sich die Väter ihrer erzieherischen Verantwortung, Pflichten, bewusst wären?

I: Wie sich das gestalten ließe?

S: Ja.

I: Für mich ist es wichtig, die Väter zu informieren, also wenn das so ist, dann ist es für mich wichtig, die Väter zu informieren, über das Kind, die Belange des Kindes, über die Bedürfnisse des Kindes, über den gesundheitlichen Zustand des Kindes. Und ihn in allen Fragen und Angelegenheiten einzubeziehen, und mit ihm abzusprechen, welche Verantwortlichkeiten werden von welchen Seiten übernommen? Also was kann der Vater an Verantwortung übernehmen und will er auch? Was will er und was kann ich für eine Verantwortung übernehmen? Möchte er, dass ich Verantwortung übernehme? Was unterstützt ihn auch, wenn er Unterstützung braucht? Und der Idealfall wäre auch natürlich toll, wenn wir bei der Gestaltung des Alltags bei den Bedürfnissen des Kindes damit in eine Zusammenarbeit kommen, weil die Väter ihre Kinder von früher kennen. Ich kenne sie seit vier Jahren. Bei uns sind auch Unfälle, andere Schicksale. Der Hintergrund für die Behinderung ist nicht immer eine erworbene oder eine vorliegende seit Geburt, ja, da liegen für mich ganz viele Potenziale, und für mein Kind, für die Zusammenarbeit ist ein regelmäßiger Kontakt, Gespräch dann, wäre das natürlich toll. Wichtig ist auch Vertrauen, auch wichtig den Vater zu informieren, wie sich das Kind entwickelt. Es ist unterschiedlich, einmal den Mut, sich damit auseinander zu setzen, die Fähigkeit zu haben, sich dem zu stellen, danach orientiere ich mich, ich versuche dann zu schauen: Was braucht der Vater an Verantwortung, an Unterstützung oder auch an Entlastung? Also das versuche ich, mich am Alltag zu orientieren, aber optimaler wäre es, wenn der Vater sich dem voll stellen würde oder der Mensch ...

S: Sie haben es so ein bisschen angedeutet, was die Väter machen könnten. Welche Aufgaben haben denn Väter?

I: Nach meiner Vorstellung?

S: Ja.

I: Vater sein, also für das Kind, und das heißt für mich auch eine Auseinandersetzung mit der Situation des Kindes, ist unentbehrlich und sich dem stellen. Und was kann er leisten als Vater, was erwarte ich, was er als Vater lebt, der Kontakt zu den Kindern ist wichtig, da merke ich von den Kindern, wie sie sich freuen, wenn sie sich beim Vater fallen lassen können. Das ist meine Mutter, sie ist für mich da, und sie nimmt mich, wie ich bin – auch für ein behindertes Kind sehr wichtig. Ist das so beantwortet, ich weiß nicht?

S: Klar, danke ich schön. Nochmal die Frage: Entziehen sich Väter ihrer Verantwortung? Was glauben Sie?

I: Ja.

S: Wenn ja, woran liegt das?

I: Ich würde das so beantworten, dass ich sage: Ich kann von einzelnen Fällen berichten. Ich würde da für mich aus meiner Erfahrung keine Tendenz reimen. Für die Zeit, in der ich in den Kinderkliniken gearbeitet habe, kann ich schon eine Tendenz sagen. Da war meine Erfahrung so, dass eigentlich meistens die Mütter präsent waren, dass sie sich um die Belange der Kinder gekümmert haben, dass sie sich interessiert haben, eingesetzt haben, wenn es um etwas zu klären ging, dass sie in die Pflege der Kinder eingearbeitet werden wollten. Ganz selten einen Vater bei erlebt. Es waren immer die Mütter, die in der Klinik präsent waren. Der Vater war zu Hause, und die Mutter hat alles gemanagt. Und der Vater hat den anderen Teil der Familie unterstützt, wenn noch gesunde Kinder zu Hause waren, einen Vater in der Kinderklinik habe ich erlebt, wie er gleichberechtigt – würde ich jetzt sagen, aus dem, was ich erlebt habe, die ich während meinen Diensten betreut habe – gleichberechtigt zusammen mit seiner Frau sich um das Kind gekümmert hat, ein schwerstbehindertes Kind, das geistig fit war, aber körperliche Erkrankungen hatte. Weil, wenn es sich gestoßen hatte, fing es an zu bluten. Er hatte gesagt, er steht zu seinem Kind und zu seiner Frau, und er liebt es über alles, es ist auch sein Kind, das fand ich sehr bemerkenswert, dass er auch gesagt hat, dass es mein Anteil ist, wie das Kind ist, und ich kümmere mich darum, dass es es gut hat, aber wenn ich es gewusst hätte, was das alles bedeutet im Alltag, hätte ich es nicht gemacht. Das fand ich irgendwie eine unheimlich klare Position von ihm, ehrlich, und es hat mich beeindruckt und mich lange nachdenklich gemacht, weil ich gedacht hab, so reflektiert so ehrlich und so offen mit diesem Thema - damit umzugehen, das war beeindruckend. Wie ich das so heute erlebe? Na ja, wir haben zwei verschiedene Betreuungsformen in unserer Einrichtung. Das eine, es sind unsere Gruppen: zwei Pflegegruppen, die eigentlich nach der Einstufung in die Wiedereingliederung arbeiten. Erlebe es, dass Mütter häufiger da sind, kann aber keine Tendenzen sagen so und so viel Kinder. Bei uns leben zwölf, 13 Kinder. Und von 13 Kindern sind für mich zwei Väter präsent. Von den 13 Kindern sind drei, vier Väter, die mitkommen, gehen aber oft eine rauchen. Also ich denke, es sagt schon viel aus, aber zwei Väter sind präsent, wollen Verantwortung übernehmen. Bereitschaft ist da, aber bei einem Vater - hat Schwierigkeiten zu akzeptieren, die Lebenserwartungen von seinen Kind sind sehr begrenzt. Das finde ich okay, es kann jederzeit passieren, dass sein Sohn stirbt und aufgrund dieser Schwierigkeit - oder - bildet ein Hindernis, noch einmal einen Schritt weiter in der Auseinandersetzung und Interesse, in der Verantwortungsübernahme zu seinem Sohn weiter zu gehen. Also da merke ich, dass mein Bezugskind seinen Vater vermisst und dass ihm das fehlt und dass er sauer ist, weil aufgrund dieser Schwierigkeit die Kontakte relativ selten sind. Ich glaube, da ist viel Liebe, aber die Kontakte müssen dosiert werden, weil der Vater das sonst kräftemäßig nicht aushalten kann. (lacht) Bin ich zu lang?

S: Nein, nein.

I: Und bei dem anderen Vater, das muss man kurz dazu sagen, dass - das Kind war gesund geboren. Ein Mädchen ist durch eine Operation, wo die Ohren angelegt werden sollten, mit sieben Jahren ins Wachkoma geraten, und da sind - da findet eine Auseinandersetzung statt. Kommt regelmäßig ein- bis dreimal die Woche, obwohl er einen weiten Anfahrtsweg hat. Und er macht alles. Er pflegt seine Tochter. Der kümmert sich um sie. Aber auch um Gerichtssachen. Da läuft eine Schadensersatzklage-Anzeige wegen unterlassener Hilfeleistung. Da ist er überall mit dran. Und mit ihm hab' ich viele Gespräche führen können, auch darüber hat er eine Offenheit. Es war eine Vertrautheit da, und er manchmal, wenn der Schmerz zu stark war, diese Schuldgefühle, ein Ja gesagt zuhaben zu dieser OP - die werden ihn sein Leben lang begleiten. Es wird niemals aufhören. Manchmal wünscht er sich, sie hätte es nicht überlebt. Wenn der Schmerz bei ihm sehr groß wird. Ich finde, das ist auch eine Form von Ehrlichkeit und Auseinandersetzung, wenn man das in diesem Schmerz auch offen sagen kann. Na ja, was ich damit sagen will, bei beiden eigentlich das selbe und da, finde ich, kann man Geschlechter spezifisch nicht trennen. Der Schmerz über das, was das Kind erlebt oder erdulden, leiden muss in ihren Augen, das ist immens groß, und manchmal nicht mehr ertragbar, in manchen Momenten. Und das finde ich irgendwie eine Höchstleistung, und trotzdem wieder die Verantwortung zu übernehmen und zu seinem Kind hingehen, und mit diesem Schmerz zu haushalten und trotzdem für das Kind da zu sein. Und das finde ich, das ist der Dreh- und Angelpunkt, wenn man das schafft – egal ob Mutter oder Vater. Aber von der Tendenz ist es die Unterzahl. Die Mütter sind präsenter, diese Auseinandersetzungen führen können.

S: Ja. Woran liegt das, dass die Männer es nicht können?

I: (lacht) Wenn ich das wüsste. Ich habe manchmal das Gefühl, dass Männern oder Vätern das Werkzeug dafür fehlt. Weiß nicht, es sind natürlich große Fragen, finde ich. Irgendwie liegt das an der Erziehung, oder – wie vieles – an den Umweltfaktoren, eigene Vorstellungen in den Frauen: „Was muss ein Mann können?", oder bei Müttern: „Wie erziehe ich meinen Sohn?" Ich glaube, das ist schon entscheidend, um da eine Auseinandersetzung führen zu können, ich weiß es nicht, irgendwie sind Frauen da – haben mehr Werkzeuge, um da Auseinandersetzungen zu führen. Ich kann das nicht beantworten, ich weiß es nicht. Ich beobachte das nur so, dass die Kraft der Auseinandersetzung mit diesem Thema halt oft fehlt. Es ist eher der Mechanismus, dass es verdrängt wird, nicht richtig bearbeitet wird. Und das behindert die Seele, und das beobachte ich sehr oft bei Männern, und das eben bei Männern als Vater. Und das ist ein langsamer Prozess. Ich glaube, dass oft bei vielen Männern einfach das Werkzeug fehlt.

S: Wie gehen Sie damit um?

I: Also ich nehme es als gegeben hin. Ich versuche privat und beruflich zu gucken: Ist jemand offen dafür? Was kann ich ihm da an Unterstützung geben? Begleiten.

S: Was unternimmt Ihre Einrichtung, was unternehmen Sie, um Väter mehr in die Verantwortung zu nehmen?

I: Also ich persönlich und die Einrichtung sind für mich zwei Sachen.

S: Okay, in erster Linie Ihre Einrichtung.

I: Gut, ich finde wenig. Das ist abwertend, ich sage es aber bewusst so. Ich finde, es müssen viel mehr Elternkontakte stattfinden, regelmäßige Elterngespräche, also zumindest an Stellen, wo man denkt, es soll Elternarbeit geleistet werden, also zum Beispiel, wenn sich die Lebenssituation eines Kindes dramatisch geändert hat, anders als wir dachten, da ist die Grenze. Spätestens da müssen wir mit den Eltern arbeiten, sie mitnehmen, die neuen Kenntnisse der Medizin muss ich ihnen mitteilen. Also was macht die Einrichtung? Regelmäßige Treffen zwei-, dreimal im Jahr, an den Feiertagen eingeladen werden, gemeinsame Feste gefeiert, z. B. Weihnachten wird zusammen gefeiert, es gibt ein Sommerfest oder eben so Kaffee trinken, was die Gruppen machen. Also ich als Betreuerin versuche, einen regelmäßigen Kontakt zu den Eltern zu halten, vorausgesetzt, dass die das auch begrüßen. Es gibt Eltern, beide, die ganz klar sagen, Väter und Mütter, die wollen keinen Kontakt: Wir ertragen das nicht, unser Kind so zu sehen. Wir wollen auch keine Beziehung aufbauen, weil wir den Tod unseres Kindes nicht verkraften. Also beziehen ganz klar Stellung. Aber wenn ich merke, da ist Interesse am Kontakt, dann pflege ich den. Also ich rufe dann an, wir telefonieren dann öfter. Das funktioniert ziemlich gut. Wir machen Sachen gemeinsam, aber auch mit dem Kind. Das ist auch so, dass ich auch ein persönliches Interesse entwickelt habe

S: Ja, vielen Dank für das Interview, dass sie offen waren, dass sie ausführlich berichtet haben. War mir eine Freude, vielen Dank.

I: Gerne geschehen.

Interview Nr. 7 mit K. (Mitarbeiter)

S: So, was für ein Ausbildung haben Sie absolviert?

K: Also ich bin 1975 an die Uni gekommen und habe den Diplom-Pädagogik-Studiengang fast zu Ende absolviert, hab parallel dazu Sonderschulpädagogik angefangen mit den Fachrichtungen „Praktisch Bildbare“ und „Sprachheil“. Hab das zu Ende gemacht mit dem ersten Staatsexamen, und den Diplom-Pädagogik-Studiengang auch. Dann hab ich das zweite Staatsexamen gemacht und während meiner Arbeitszeit dann als Sonderschullehrer noch Körperbehinderten-Pädagogik in Mainz studiert.

S: In welcher Art und Weise haben Sie mit geistig behinderten Kindern zu tun?

K: Na, im großen Umfang beruflich, indem ich von montags bis freitags ihr Lehrer bin und Kinder - im Prinzip - oder Menschen, Schüler im Alter von sechs bis 21 Jahren im schulpflichtigen Alter, die eine geistige Behinderung haben, beschule.

S: Nehmen Sie regelmäßig an Fortbildungen teil?

K: Ja, ich nehme regelmäßig an Fortbildungen teil. Erst recht in letzter Zeit, als sich das Fortbildungsangebot verstärkt hat, dadurch, dass wir eine Fortbildungsverpflichtung haben und die einzelnen Einrichtungen darauf reagiert und das Angebot erhöht und verbessert haben.

S: Was halten Sie von Pränataldiagnostik?

K: Von Pränataldiagnostik halt ich viel, weil man damit verhindern kann, dass Menschen eben mit Schwerstbehinderungen zur Welt kommen. Aber das soll eben nicht zu einer Aussonderung führen, wo versucht wird, den perfekten Menschen zu kreieren. Also man muss einfach dabei die Grenzen kennen, die ethischen Grenzen.

S: Wie wichtig ist der Kontakt zu den Vätern für die Zusammenarbeit mit den Familien?

K: Also ich finde, dass die Arbeit des Sonderschullehrers sich aufsplittert in mehrere Bereiche. Das ist einmal, fachlich ein Fachmann zu sein, einen großen Sachverstand zu haben, Unterrichtsdiagnostik, Behinderung allgemein, dann eine sehr viel große Einfühlsamkeit zu haben, Empathie gegenüber Schülern zu haben, was die Schüler brauchen, einen guten Kontakt zu Schülern, aber auch vor allem zu den Eltern einen sehr guten Kontakt aufzubauen, weil die Arbeit mit dem Schüler sich einerseits nicht nur auf die Unterrichtszeit beschränken darf, nach Möglichkeit mit den Familien abgesprochen werden muss oder fortgesetzt werden darf oder sollte und man viele wichtige Informationen bekommt, mit den Eltern im Gespräch ist, was die Kinder angeht, was die Belange der Kinder, die Motivation und ihre Belange angeht.

S: Wie ließe sich die Zusammenarbeit mit den Familien gestalten, wenn Väter ihrer erzieherischen Verantwortung nachgehen würden?

K: Die ließe sich so z. B. gestalten, dass man also erstmal auf eine ganz formale Ebene, indem man Mitteilungsbuch führt und mit den Eltern in Kontakt ist, also nach oder während des Schulunterrichts aufschreibt, was einem den ganzen Tag aufgefallen ist, was das Kind gut gemacht hat, wo man vielleicht auch um ein Gespräch bittet, dass man im telefonischen Kontakt regelmäßig, aber auch solche informellen Treffen - Schulfeste oder Schulcafé, Elternabende, Elternsprechtage - dienen natürlich dazu, dass man mit den Eltern im Austauschen ist, mit den Vätern natürlich auch, um über das Kind sprechen zu können, über die Sorgen und Nöte in der Familie, aber auch was gut läuft, um eine befriedigende Arbeitssituation herzustellen.

S: Welche Aufgaben haben Väter oder sollten Väter haben?

K: Ich würde die Aufgaben von Vätern behinderter in Bezug auf Väter nicht behinderter Kinder nicht unterscheiden. Es hat in den letzten Jahrzehnten eine Verschiebung dahin gegeben, dass Väter ja mehr in die Erziehung einbezogen sind, und es gibt ja die Situation, dass Väter Vaterschaftsurlaub nehmen können und Mütter arbeiten, und deswegen will ich keine Unterscheidung machen. Ich finde es wichtig, dass sich beide Elternteile an der Erziehung beteiligen und dass sich das nicht auf einen beschränkt, so nach dem Motto, wie das früher war: „Du warst böse, ich werd' dem Vater berichten."

S: In dem Zusammenhang mit Ihrer Arbeit, entziehen sich Väter ihrer Verantwortung?

K: Nein, ich finde es sogar im Gegenteil, ich merkte, dass bei uns, dass Väter wirklich absolut engagiert sind, gut sind und informiert, was ihre Kinder angeht, vielleicht sogar in höherem Maße als das bei nicht behinderten Kindern der Fall ist, weil sie eben von Anfang an seit der Geburt ihrer Kinder einbezogen sind, bekommen die Problematik ihrer Kinder mit, engagieren sich.

S: Ja, Sie hatten eben schon angedeutet: Was unternehmen Sie, um jetzt Väter in die Zusammenarbeit zu integrieren?

K: Wie gesagt, wir laden regelmäßig die Eltern auf Schulfeste, und das bezieht sich natürlich nicht nur auf die Mütter, sondern die ganze Familie. In der Regel werden solche Angebote wahrgenommen. Wenn wir Elternnachmittage wie Kaffeetrinken bieten, dann machen wir das so, dass das nicht nach Möglichkeit in die Berufszeit der Väter reinfällt, sondern nach 16 Uhr, um ihnen überhaupt die Teilnahme zu ermöglichen, dass sie nicht den halben Tag Urlaub nehmen müssen.

S: Spannend, das ist gut, ja, das war's. Vielen Dank für das Gespräch.

K: Bitte schön.

Interview Nr. 8 mit M. und H. (Mitarbeiterinnen)

S: Was für eine Ausbildung haben Sie absolviert?

H: Ich habe ein Studium in Pädagogik mit Psychologie und Pathologie als Nebenfach mit dem Abschlussexamen Magister Artium.

M: Ich habe Pädagogik auf Diplom an der Uni Marburg studiert.

S: In welcher Art und Weise haben Sie mit geistig behinderten Kindern zu tun?

H: Ich bin in der Frühförderung tätig, und da gibt es ja alle möglichen Behinderungsarten und Abstufungen.

M: Ich arbeite zurzeit in einem Heim für mehrfach schwerstbehinderte Kinder, und dort betreue ich in einer Gruppe von sechs Kindern zwei Kinder im Alter zwischen drei und zwölf Jahren, sind alles Jungs.

S: Was geht Ihnen durch den Kopf, wenn Sie Menschen mit einer geistigen Behinderung auf der Straße sehen?

H: Ich freue mich, dass sie draußen sind, das heißt, sie am Leben in der Gesellschaft teilnehmen. Es geht mir natürlich auch durch den Kopf, dass es eine Vielfalt von Verhaltensweisen und Reaktionen gibt und damit jeweils viele Belastungen für die Familie und für das Umfeld mit verbunden sind.

M: Bei mir ist das ganz unterschiedlich, also auf der einen Seite sehe ich das privat, wo ich dann in manchen Situationen denke: Oh, wie verhält sich dieser Mensch, das ist ja merkwürdig. Oder wo ich dann auch manchmal ein bisschen irritiert bin oder erschrocken durch manches Verhalten. Oder in den anderen Situationen finde ich es total schön, dass wir vielfältige Menschen hier auf der Straße erleben können, und dass ich eben nicht nur „normale Menschen" dort sehen kann, sondern auch solche, die außergewöhnlich sind in ihrer Entwicklung, Persönlichkeit oder in ihrem Aussehen. Und beruflich gesehen finde ich es sehr wichtig, dass man auf der Straße Menschen begegnen kann, denen man ansehen kann, dass sie behindert sind, weil sie einfach zur Gesellschaft dazugehören, und ich mir eine solche Gesellschaft wünsche, auch in politischer Hinsicht. Und es ist eine Mischung aus allem, wenn ich auf der Straße Menschen mit Behinderung sehe, auch mit geistiger Behinderung, und ich finde es einfach grundsätzlich wichtig, dass wir daraufhin arbeiten, dass die Menschen, die behindert sind, in dieser Gesellschaft - egal in welcher Form - sich auf die Straße trauen und sich dort wohlfühlen.

S: Was halten Sie von pränataler Diagnostik?

H: Das ist natürlich ein Fortschritt der Medizin. Sie haben Möglichkeiten heute, pränatal zu diagnostizieren, was früher ja so überhaupt nicht gegangen ist. Ich finde nur, dass mit dieser pränatalen Diagnostik sehr verantwortungsvoll umgegangen werden muss, das heißt natürlich in Bezug zur Übermittlung an meistens die Mütter also oder die Eltern, und in Bezug zu Überlegungen, wenn da Konsequenzen daraus gezogen werden sollten, wie das am besten ist, da, denke ich, ist viel mit verbunden für die Familie.

M: Ich habe mir dazu noch keine endgültige Meinung gebildet. Ich sehe die Vorteile und Nachteile von pränataler Diagnostik darin, dass man gewissen Entwicklungen vorbeugen kann, indem man z. B. gesundheitlich Eltern sagen kann, sie sollen ihr Verhalten ändern, wenn man da sieht, dass gewisse Gefahren auf das Kind zukommen, oder dass sich Eltern darauf einstellen können, womit ihr Kind einmal auf die Welt kommen wird. Aber ich sehe auch eben einen Nachteil, dass sich Eltern zum Beispiel gegen ein Kind entscheiden, wenn sie erfahren, dass es ein behindertes Kind sein könnte, oder sich vielleicht sogar dagegen entscheiden, wenn das Kind nicht das Geschlecht hat, das sie sich wünschen. Und ich bin aber grundsätzlich dafür, dass die Menschen, die ein Kind bekommen, die Freiheit bekommen zu entscheiden, ob sie es bekommen oder nicht. Ich finde es aber auch wieder fraglich zu überlegen, bis zu welchem Entwicklungsstadium eines Fetus das man entscheiden können darf. Da bin ich, wie gesagt, noch nicht festgelegt, und da gibt es ja gesetzliche Vorschriften. Ich fände es schön, wenn wir alle so selbstständig und ethisch reif entscheiden könnten, dass wir den Menschen, die sich für eine pränatale Diagnostik entscheiden, den Rahmen bieten, dass sie sich nicht aufgrund gesellschaftlicher Umstände gegen ein Kind entscheiden, sondern höchstens aus privaten Gründen, sprich dass Kinder mit Behinderung oder Menschen mit Behinderungen einfach in der Gesellschaft besser integriert, besser akzeptiert, besser unterstützt werden und dadurch, dass solche Entscheidungen minimiert werden oder sogar überflüssig werden. Und ich finde auch eine wichtige oder eine natürliche Entwicklung, dass solche Wissenschaft vorangetrieben wird und entwickelt wird, finde es aber auch schwierig und finde einen vernünftigen Umgang damit ganz wichtig, eben auch eine Diskussion innerhalb der Gesellschaft mit allen Gesellschaftsteilen.

S: Danke schön! Wie wichtig ist der Kontakt zu den Vätern für die Zusammenarbeit mit den Familien?

H: Aus meiner Erfahrung erachte ich den Kontakt mit den Vätern als etwas Wesentliches, einmal in der Beziehung zwischen Vater und Mutter, was hinein spielt in die gesamte Familiensituation, andererseits auch darin, die Väter in ihrer Rolle zu unterstützen, als Vater ihrem behinderten Kind gegenüber präsent sein zu können, Vorbild sein zu können. Es ist häufig aber recht schwierig, die Väter zu erreichen, weil sie einfach durch die beruflichen Zeiten besetzt sind. Also da muss man sehr erfinderisch sein, um mit den Vätern in direkten Kontakt zu kommen.

S: Ja, danke.

M: Ich würde gerne gerade noch mal hören.

S: Wie wichtig ist der Kontakt zu Vätern für die Zusammenarbeit mit den Familien?

M: Also der Kontakt zwischen den Vätern und den Kindern oder der Kontakt zwischen den Vätern und mir?

S: Ja, Sie.

M: Ja, ich finde den Kontakt zu allen Elternteilen oder Sorgeberechtigten wichtig. Da geht es mir zunächst nicht darum, dass Väter oder Mütter, Tanten oder Onkel oder irgendwelche anderen Betreuungsmenschen sind, also Leute, die Menschen zur Betreuung zur Verfügung haben. Und ich finde, für die Kinder ist es wichtig, soviel wie möglich menschlichen Kontakt zu haben, der verbindlich ist, der Beziehungsangebot macht. Und dadurch, dass ich in meiner Gruppe ausschließlich mit Jungen zusammenarbeite, die behindert sind, finde ich den Kontakt zu den Vätern sehr wichtig, weil sie ... oder nicht unbedingt zu ihren Vätern, zu männlichen Bezugspersonen, weil sie dadurch ein Bild von Männlichkeit, von der Rolle des Mannes in der Gesellschaft, von männlichen Verhaltenseigenschaften bekommen können, was ich ihnen als Frau nicht vermitteln kann, was ich aber trotzdem für wichtig erachte und was sie auch auf der kollegialen Ebene, also von meinen Kollegen her nicht bekommen können, weil - wie gesagt - die Beziehung und das Beziehungsangebot von Eltern oder Angehörigen ein anderes ist, als ich oder meine Kollegen es Kindern bieten können. Ja, ich fände es schön, wenn Väter von Kindern mit geistiger Behinderung grundsätzlich auch gesellschaftlich unterstützt würden darin, Vaterrolle auszuleben, sprich z. B. von Kollegen von ihrer Arbeit her, Vorgesetzten her da mehr Unterstützung erfahren würden, um diese Rolle eben ausfüllen zu können, weil ich eben dieses häufig erlebe, dass Väter nicht genug Zeit haben oder auch befangen sind, sie haben in ihrem Umfeld als Väter behinderter Kinder schwierige Bedingungen, nicht unbedingt günstigere.

S: Wie ließe sich die Zusammenarbeit mit den Familien gestalten, wenn Väter ihren erzieherischen Pflichten nachgehen würden?

H: Man könnte natürlich in der Zusammenarbeit in den Familien die Schwerpunkte unterschiedlich setzen und nicht etwa fast alles alleine mit den Müttern erarbeiten. Väter haben andere Aufgaben, anderes Verständnis auch für die Identifizierung, Identitätsbildung eines Kindes, ob es ein Mädchen oder ein Junge ist, je nachdem, das sind unterschiedliche Wirkungen. Es sind eben zwei verschiedene Menschen, die auch unterschiedlich dann Einfluss nehmen können. Wenn dieses Verhältnis zwischen Vater und Mutter einfach gut ist, wirkt sich das auch unterstützend auf die Entwicklung des Kindes aus, ist die Gemeinschaft einfach komplett und ist größer als nur ein Familienangehöriger.

S: Wie sehen Sie das?

M: Also ich finde, dass diese Frage von vornherein impliziert, dass Väter sich nicht beteiligen. Das finde ich nicht richtig. Also ich erlebe das sehr wohl, dass sich Väter beteiligen in der Erziehung, in der Pflege, der Sorge um ihre Kinder. Ich finde das wichtig, und ich finde es gut so. Und das wäre schön, wenn das bei mehr Familien wäre, weil es sicherlich nicht bei allen Familien ist, und für die Zusammenarbeit denke ich, dass eine Aufgabenteilung wichtig ist, gut ist, dass die Eltern jeweils Aufgaben übernehmen sowohl in der Betreuung als auch in der Organisation und dem Drumherum, was alles so dazugehört. Also ich finde, dass es nicht mit Vater oder Mutter zu tun hat, sondern sie müssen alles unter sich aufteilen.

S: Also: Was sollten Väter anders machen?

H: Also die Frage finde ich sehr problematisch, weil es also wirklich ein unterschiedliches Feld von Präsentsein von Vätern gibt. Es gibt Väter, die es hinreißend machen, es gibt Väter, die so gut wie nichts machen. Es sind doch alle Variationen vorhanden, deswegen ist diese Frage schwierig so allgemein zu beantworten.

S: Ja.

M: Was sollten Väter anders machen - also ich finde, das kann man nicht sagen, weil es gibt nicht die Väter, die Väter ein spezielles typisches Verhalten an den Tag legen, sondern weil es ganz viele unterschiedliche Arten von Vatersein gibt, und ich die auch erlebe, und ich da vielleicht individuell irgendwie dazu sagen könnte, ich würde das und das ändern, aber ich kann es nicht generell sagen.

S: Okay, entziehen sich Väter Ihrer erzieherischen Verantwortung?

H: Ja, wie ich vorhin schon gesagt habe, natürlich gibt es, wenn sie sich entziehen, merkt man das, weil sie keine Zeit haben, nicht präsent sind oder eben sich sogar getrennt haben von Mutter und Kind, so dass man dann wenig die Ursachen für ihre Entscheidung sich so zu verhalten und nicht anders erkennen kann, gibt es sicher, ich kann jetzt keine Zahlen nennen, es ist halt schwierig, an die Väter ranzukommen, ihre Einstellung positiv zu verändern.

S: Ja.

M: Ich finde, man kann das nicht so generell sagen, es gibt Väter und Männer, die sich ihrer Vaterrolle entziehen, nicht ausüben und welche, die es ganz intensiv machen, ja ich finde man kann das nicht pauschal sagen.

S: Und die sich nicht engagieren, wie würden Sie damit umgehen oder was würden Sie da anders machen, um sie zu unterstützen?

H: Da Eltern das Sorgerecht für ihr Kind in der Regel inne haben es ist ihre Entscheidung, wie sich für ihr Kind engagieren, wie sie auch mit Fachkräften zusammenarbeiten, die für ihr Kind im Einsatz sind, dass es klar, man kann also nur im Einzelfall halt versuchen zu verstehen, wie die Situation ist, warum sie so ist und nicht anders, es spielt auch eine Rolle, ich habe es erlebt, ob die Fachkraft männlichen oder weiblichen Geschlechts ist, manchmal gelingt es auch, einen Kontakt zu stiften zu einer Familie, die in einer ähnlichen Situation ist, wo dann oft dieser Schiene vielleicht von Vater zu Vater mal eine Veränderung herbeizuführen, das sind aber individuelle Zusammenhänge, das ist eine schwierige Frage.

S: Ka, okay.

M: Ich finde, dass die Eltern, egal ob Mutter oder Vater, wenn sie das Sorgerecht haben und dieses eigenständig inne haben sollen, wenn ich merke, dass ein Vater sich dem entzieht, sage ich schon meine Meinung, dass ich den Wunsch äußere dass der Vater mehr Präsenz zeigt, dass er mehr da ist, und dass ich es schön fände und dass es dem Kind gut tun würde, wenn er sich um das Kind kümmern würde, es besuchen würde in egal in welcher Form auch immer, das entscheide ich in der jeweiligen Situation, aber wenn ein Vater oder eine Mutter sich dafür entschieden haben, dem Kind zu entziehen, dann muss ich das akzeptieren und versuchen, dem Kind andere Möglichkeiten für Beziehungen zu bieten, weil Menschen egal in welchem Alter, besonders Kinder, Beziehung sehr stark brauchen beziehungsweise ihre Bedürfnisse brauchen und wenn sie diese nicht von den Eltern geleistet wird, angeboten wird, bin ich dann bemüht, sie auf anderen Möglichkeiten sie verwirklichen oder anzubieten.

S: Okay, vielen Dank für das Gespräch.

Interview Nr. 9 mit M. und U. (Mitarbeiterinnen)

S: Was für eine Ausbildung haben Sie absolviert?

M: Ich bin im ersten Beruf Erzieherin und im zweiten Beruf Diplom-Sozialpädagogin.

U: Und ich im ersten Beruf auch Erzieherin, im zweiten Diplom-Sozialpädagogin, im dritten und vierten Diplom-Pädagogin und Sonderschullehrerin.

S: Spannend, nehmen Sie regelmäßig an Fortbildungen teil?

M: Ja.

U: Ich auch immer noch (lacht).

S: Ja, was geht Ihnen so durch den Kopf, wenn Sie auf der Straße Menschen mit einer geistigen Behinderung sehen?

M: Ich versuche, unabhängig zu bleiben von fachlichen Gedanken, also ich versuche, die Menschen nicht zu sortieren nach liegt jemand mit dieser oder jener Behinderung ...

S: Spannend, ja der ...

U: Ich sehe immer ganz schnell diese Eltern-Kind-Beziehung, also das geht mir immer durch den Kopf, auch so oder wie sich dann dieses Kind fühlt oder sich die Eltern fühlen, also wenn sie meinetwegen mit einem Downsyndrom-Kind da sitzen, und ja, was, wie ist diese Konstellation, wie fühlen sie sich in unserer Gesellschaft, die dann so auch doch ablehnend ist oder sein kann.

S: Was halten Sie von Pränataldiagnostik?

U: Im Prinzip ist es natürlich eine ganz gute Sache, nur die Auswirkungen dieser pränatalen Diagnostik, dass dann empfohlen wird z. B. empfohlen wird, dann Schwangerschaftsabbrüche zu machen, wo man annimmt, dass eine geistige Behinderung da ist oder irgend eine andere Behinderung, und man weiß inzwischen, dass bei solchen Abbrüchen ganz, ganz viele gesunde Kinder in den Müll geschmissen werden, das ist ein echtes Problem, finde ich.

M: Und ich denke, pränatale Diagnostik ist ein verharmlosender Begriff, weil die Konsequenz der Diagnostik im Grunde lediglich die Abtreibung ist, weil es keine Möglichkeit der pränatalen Therapie in der Regel gibt, und gerade Menschen mit Trisomie 21 haben in Zukunft wenig Chancen auf Lebensrecht, weil sie vorher entsorgt werden. Insofern bin ich sehr kritisch und finde diesen Begriff Eugenik eigentlich passender, weil er an die Euthanasie anschließt.

U: Und solche Auswirkungen, dass z. B. die Krankenkassen erwogen haben, dann nicht zu zahlen für Kinder mit Trisomie 21, das ist fatal, das ist wirklich fatal, stellt Pränataldiagnostik wirklich infrage, dass man nicht mehr bereit ist, das Kind, wie es ist, willkommen zu heißen in unserer Gesellschaft.

M: Ich erinnere mich an eine Kollegin, eine Rollstuhlfahrerin, die mir erzählt hat, wie sie förmlich als behinderte Frau von ihrem Arzt gezwungen wurde, pränatale Diagnostik machen zu lassen, sie musste sich mit aller Kraft dagegen wehren, weil sie für sich entschieden hatte, sie will ein Kind, egal ob es eine Behinderung hat oder nicht, dann wird es sehr einengend.

U: Es ist sehr fragwürdig, wenn Frauen gedrängt werden, einen Schwangerschaftsabbruch machen zu lassen, und wenn sie sich für das Kind entscheiden, dass ihnen gedroht wird, dass sie dann bitte sehr die Folgen dann selbst zu tragen haben. Und das ist inzwischen häufig die Praxis.

S: Wie wichtig ist der Kontakt zu den Vätern für die Zusammenarbeit in den Familien?

U: Natürlich sind die Väter unverzichtbar in dieser, in diesem Zusammensein, und ich habe ja diese Arbeit mit geistig Behinderten angefangen in den sechziger Jahren, wo in Hessen ganz allmählich diese Kinder in Schulen aufgenommen worden und wo die Geistigbehinderten schulen entstanden, und ich war lang in dieser Arbeit tätig, da habe ich gemerkt, dass die Väter ein ganz großes Problem hatten in der Regel, die habe ich oft nicht gesehen, die kamen nicht zu Elternabenden, das war alleine die Sache der Mütter, diese Sache zu tragen, die Sache mit dem behinderten Kind zu tragen. Das war wirklich eine Schande, wurde als Schande empfunden, und die Väter waren nicht in der Lage, sich mit da einzubringen, und die haben, wenn ich Hausbesuche machte, mir wirklich die Tür vor der Nase zugeschlagen, weil da dürfte man nicht ranrühren weil sie dann so verletzt waren und das verdrängt haben. Und die Entwicklung in dieser Hinsicht ist aber sehr erfreulich, diese Entwicklung ist, dass heute, sehen wir auch hier an der Schule, dass auch junge Väter engagiert sind.

S: Ja, danke.

M: Ich denke, das sind nach wie vor aber mehr Mütter, die bereit sind, den Weg des Kindes mit zu begleiten.

U: Im Ganzen aber eine erfreuliche Entwicklung, aber sie hat 40 Jahre gebraucht.

S: Ja, wie ließe sich denn die Zusammenarbeit mit den Familien gestalten, wenn jetzt die Väter ihrer erzieherischen Verantwortung nachgehen würden?

M: Ich glaube, aber zunächst ist es kein pädagogisches Problem, sondern ein gesellschaftliches. In Ländern wie in Skandinavien, wo die Toleranz behinderten Menschen gegenüber sehr viel höher ist, da ist rein statistisch auch der Anteil behinderter Kinder höher. Die Väter nehmen viel mehr Anteil am schulischen Leben, am pädagogischen Leben in der Öffentlichkeit. Und solange wir es nicht schaffen, diesen stigmatisierenden Blick wie hier in

Deutschland gesellschaftlich zu bekämpfen, dann wird es ganz schwer sein, Eltern von dieser Scham, ein behindertes Kind zu haben, zu befreien.

U: Da habe ich eigentlich nichts dazu zu sagen. Ich denke, es geht nur über die Toleranz der Gesellschaft und die positive Einstellung der Gesellschaft für diese Familien und Kinder. Vor allen Dingen finanzielle Unterstützung. Es sind auch praktische Dinge, dass Integrationshilfen zum Beispiel bezahlt werden.

M: Und in der Lebens- und Berufspraxis, da hab ich so wahrgenommen, dass die Kollegen und Kolleginnen, die eigene Kinder haben und damit auch immer wieder befasst sind, sich Sorgen um Problemkinder machen, ob sie nun eine Behinderung haben oder nicht, dass die weicher und toleranter mit Eltern umgehen. Die Strengen fordern, Pädagogen sollen ein Programm für Eltern vorlegen, das sind oft welche, die keine eigenen Kinder haben. Ich denke, man muss Eltern unterstützen, in erster Linie ihnen Mut machen.

S: Welche Aufgaben haben Väter?

M: In Abgrenzung zu der Mutter?

S: Ja genau, oder was sollten sie anders machen?

M: Das ist schon mal, das Rollenbild des Vaters ein anderes als das der Mutter, das ist ein grundsätzliches Problem in einer Gesellschaft, wo es so viele alleinerziehende Mütter gibt. Dass das Vaterbild fehlt, merkt man daran, dass Kinder schon im Kindergarten vorwiegend von Frauen betreut werden, dass die Vaterrolle, die Männerfigur, das Männerbild fehlt.

U: Anders machen können als Frauen, ich denke, sie sollten sich dem Aufgabenbereich der Frauen dann auch nähern, im Kindergarten schon mit zu den Elternabenden, in der Schule dann auch dieses Sich-in-der-Öffentlichkeit-Präsentieren mit diesem Kind, diese Scheu ablegen, jetzt ja sich mit dem behinderten Kind zu zeigen.

S: Also entziehen sich Väter ihrer erzieherischen Verantwortung?

U: Das kann man ja nicht so generell sagen. Es hat dann zu tun mit dem, was ich schon vorhin sagte, dass ich vor vielen Jahren eben das wahrgenommen habe, dass sie sich verschließen und dass sie sich jetzt geöffnet haben.

S: Woran liegt dass sie sich dem entzogen haben?

U: Ich glaube, das hängt mit dem Selbstwertgefühl. Man erwartet in einer solchen Gesellschaft, dass, wenn man sich produziert, ein ganz tolles Ergebnis hat, und wenn das Ergebnis nicht so toll ist, ist das eine Verletzung, und diese Verletzung ist ganz schwer zu verkraften und besonders für die Väter schwer zu verkraften, die ja immer noch diese Vertretung nach außen inne haben. Das ist ein schwieriges Problem auch, und deshalb gibt es nur diese Veränderung durch einen gesellschaftlichen Prozess, Öffnungsprozess. Man kann nicht mal den Vätern den Vorwurf machen, sich da entzogen zu haben, solange unsere Gesellschaft so ein tolles Produkt erwartet. Wir funktionieren in dieser Gesellschaft.

M: Also, das kann ich nur unterstützen. Und wir werden in Zukunft sehen müssen, wie dieses begonnene, dieser begonnene Mut der jungen Väter, die mit einem anderen Selbstbewusstsein auftreten, wie stabiler zu halten ist, wenn vielleicht auch aus der Bevölkerung solche Stimmen kommen bei einem Kind mit Trisomie 21: „Ach, das hätte es ja gar nicht geben müssen."

U: Und da kommt noch was dazu in unserer Gesellschaft: Wir sehen es in Hessen auf dem schulischen Gebiet eben ganz ernorm, dass da doch ganz stark ein Auslesungsprozess einsetzt. Wir haben einmal hier in Hessen die Schulen für Hochbegabte und auf der anderen Seite die, die dann in kein Schulsystem mehr passen oder angeblich nicht mehr rein passen. Wir haben ein ganz starkes Selektionsprinzip, und das ist auch wieder, was dieser gesellschaftlichen Öffnung gegenüber Geistigbehinderter entgegenwirkt.

M: Die Sache, dass Eltern stolz sind, wir sind stolz in der Gesellschaft, mein Kind, das schön und klug ist. Ich erinnere mich in dem Zusammenhang, ist 20 Jahre her, da hatte ich selbst ein Kind im Kindergarten, und eine andere Mutter war schwanger und kam mit einer Tragetasche mit dem neugeborenen Baby, das lag auf dem Bauch, und ich gratulierte: „Ah, das Baby ist da, ja wollen Sie ihn mal sehen?" und hob ihn hoch und zeigte mir dieses Kind, was eindeutig ein Downsyndrom hatte, mir selbst im ersten Moment die Sprache verschlug und mir die Tränen in die Augen schossen. Ich war sowohl berührt davon, dass sie es so mutig gezeigt hat und lächelte. Und ich merkte, wie ich in dieses System gebunden war, dass man gar nicht eine Freude zeigen kann spontan über das Kind, das nun nicht perfekt ist, und wie ich um Worte gerungen hatte in der Situation.

U: Man kann sich auch versetzen in die eigene Lage. Als ich einmal mit kleinen Kindern da auf dem Spielplatz war, da war ich richtig stolz, fand ich toll, dass sie klug, hübsch waren und bewegten sich ganz toll. Und wenn ich jetzt mit meinen Enkeltöchtern da in Zürich rummarschiere und alle Leute gucken, weil sie süß sind, da bin ich eine stolze Großmutter. Und wenn ich jetzt mit einem eindeutig sichtbaren geistigbehinderten Kind da langgehen würde, wäre das Gefühl ein anderes. Und in der Schule, als ich in der Geistigbehinderten schule gearbeitet habe, da bin ich manchmal mit Kindern, einzelnen, mit einem Kind, war ich dann in der Stadt, und jeder konnte denken, das ist die Mutter, und das ist ein ganz anderes Gefühl, auch für mich. Das war eine Erfahrung, wo ich dachte: Hoppla, sei ganz vorsichtig. Wie ich in der Beurteilung von Eltern von Geistigbehinderten. Wenn ich mit einer Gruppe ging, haben alle sie sehen müssen, aber das ist eine ganz ehrenwerte Sache, weil es so eine wichtige soziale Aufgabe ist und der karitative Aspekt, da steigst du in der Achtung der Leute. Aber wenn du mit einem einzelnen Kind gehst, da denken alle, das ist die Mutter. Da sieht es ganz anders aus.

M: Ist hoch interessant.

U: Da merkst du selber, dass du nicht frei bist von solchen Handlungsweisen und Sichtweisen, die sind so tief in uns drin, dass du gar nicht kontrollieren kannst. Ich hatte es mir dann vom Verstand klargemacht und habe mir gedacht, was passiert da denn mit dir. Mit einem einzelnen Kind musst du aufpassen, wie gebe ich mich. Wie wäre diese, die Rolle mit einer Gruppe, ist klar definiert. Ist wirklich ein schwieriges Thema.

S: Letzte Frage: Was unternehmen Sie, um die Väter in die Zusammenarbeit zu integrieren?

M: Eigentlich dasselbe wie mit den Schülern, also ich bin fest davon überzeugt, dass man Menschen nur über Verstärkung gewinnen kann, und wenn schon mal ein Vater kommt, dann sage ich ihm bestimmt nicht als Erstes, was er falsch macht, sondern hebe die Dinge hervor, die gut laufen, und freue mich darüber, dass er da ist, sage das mit Augen, signalisiere das, werbe um Vertrauen.

S: Ja, danke.

U: Ich habe etwas ganz Raffiniertes: Am Anfang meiner schulischen Tätigkeit, da kam kein Vater, und dann habe ich Elternabende und so zu Elternstammtischen eingeladen und so weiter. Da gab's Bier und was zu essen, und da kam der eine oder andere Vater (lacht), und wenn sie da saßen, haben sie natürlich sich anhören müssen, was ich da erzählte, aber das ist lange her, und heute sieht es ja nun ein bisschen anders aus.

S: Ja, herzlichen Dank für das Gespräch, vielen Dank!

M: Ja, gerne.

U: Ja.

Interview Nr. 10 mit R. (Mitarbeiterin)

S: Was für eine Ausbildung haben Sie absolviert?

R: Ich habe Diplom-Sozialpädagogik in Frankfurt studiert, vier Jahre in einer Vorklasse in Niedersachsen gearbeitet, geheiratet, vier Kinder bekommen, arbeite seit acht Jahren an der Erich-Kästner-Schule.

S: In welcher Art und Weise haben Sie mit Geistigbehinderten zu tun?

R: Beruflich habe ich mit ihnen zu tun, und Interesse eigentlich an dieser Art von Menschen habe ich über meine persönlichen Beziehungen bekommen. Und ich bin aufgewachsen mit zwei Familienmitgliedern, die taubstumm waren. Und dadurch habe ich eigentlich immer Interesse gehabt, Menschen zu treffen, die eben nicht so „normal" sind. Weil mich diese Leute schon als Kind fasziniert haben und weil ich gemerkt habe, dass die unheimlich großes Repertoire an anderen Möglichkeiten haben, sich auszudrücken und kreativ zu sein, als diese eben „normalen" Menschen. Und deswegen hat mich dieser Beruf interessiert.

S: Ja, nehmen Sie regelmäßig an Fortbildungen teil?

R: Ja, das kann ich sagen, regelmäßig.

S: Ja, was geht Ihnen durch den Kopf, wenn Sie Menschen mit einer geistigen Behinderung auf der Straße sehen?

R: Die werden nicht so ausgegrenzt. Es gibt keine Förderschulen wie bei uns, die Kinder sind immer in der normalen Klasse mit dabei.

S: Danke schön, kommen wir zu der nächsten Frage: Wie wichtig ist der Kontakt zu den Vätern für die Zusammenarbeit mit den Familien?

R: Der Kontakt zu Vätern jetzt?

S: Nein, der Kontakt für Sie jetzt zu den Vätern.

R: Ja, also da geht es um die Partnerschaft, ja gleichwertige Partnerschaft halt, um eben alle Probleme und alle Dinge, die im Bereich der Familien, die auch mit den Kindern auftreten, mit dem Partner zu besprechen.

S: Sorry, ich meinte eher für Sie jetzt als Mitarbeiterin.

R: Ja, also wie wichtig ist der Kontakt also, das ist fifty-fifty zu dem Partner, ist mir der Kontakt genau so wichtig wie zu einer Freundin oder zu jemandem, man sagt, du musst das so und so machen. Ist damit die Frage so abgedeckt?

S: Ja.

R: Okay.

S: Kommen wir zu der nächsten Frage: Wie ließe sich denn die Zusammenarbeit mit Familien gestalten, wenn Väter ihren erzieherischen Pflichten nachgehen würden?

R: Also, ich finde, man muss in der Erziehungsarbeit und auch im Umgang mit den Kindern tun, was man auch gerne tut. Und da würde ich gerne sagen, wenn ein Vater gerne Fußball spielt oder sich gerne bewegt, und das machen eigentlich auch die meisten Männer, Sport, sportlich arbeiten. Es ist auch wichtig, das zu tun, was Väter wollen, nicht nur das, was Mütter wollen. Es muss gleichwertig sein.

S: Welche Aufgaben haben Ihrer Meinung nach Väter?

R: Sie haben die gleichen Aufgaben wie Mütter, also die Kinder zu betreuen, mit den Kindern umzugehen, wobei das natürlich naturgemäß oft das Stillen ist, was ein Vater natürlich nicht machen kann. Aber er kann die gleiche Zuwendung auch dem Kind in der Pflege geben, wie das eine Mutter macht, und das Bild oder die Identifikation für die Jungen und auch wieder für die Mädchen. Väter und Mütter müssen für Jungen sowie für Mädchen Vorbilder sein.

S: Was meinen Sie, entziehen sich Väter ihrer Verantwortung?

R: Ja, ich denke also, ich bin jetzt 55, also in unserer Generation haben das Väter auch getan, aber ich beobachte das auch bei jungen Vätern so bei der Generation, die nach uns kommt. Also es gibt eine neue Generation von Vätern, sage ich das mal.

S: Ja, woran liegt das?

R: Da wird es sicher auch welche geben, die das nicht gerne machen, die es gerne abschieben. Es gibt Angebote für Väter und Kinder. Die Angebote müssen verstärkt werden. Wenn man so was sucht, dann findet man auch was. Als ich vor 20 Jahren meine Kinder oder unsere erzogen habe, hat es nicht so stattgefunden, also hat sich schon etwas verbessert.

S: Wenn Sie jetzt kurz nachdenken, jetzt im Hinblick auf Ihre Tätigkeit, wie gehen Sie damit um, wenn Sie Väter sehen, die sich nicht engagieren?

R: Die sich nicht engagieren?

S: Ja, genau.

R: Ja, also wir versuchen, Angebote für Väter interessant zu machen. Also das wäre eben zum Beispiel, dass wir hauptsächlich Jungs in unserer Schule haben, das ist fast in jeder Klasse so, sind die Jungen in der Überzahl, da brauchen wir eher die Väter, damit die Kinder sich auch mit den Vätern auch ein Stück identifizieren können, mit der Männerrolle vertraut werden. Also ich denke, es ist wichtig, dass wir Angebote machen wie Erlebnispädagogik, die Väter dafür Interesse entwickeln. Das tun sie auch, soweit ich das beobachten kann, dass wir Fußball spielen. Solche Angebote sind aber noch nicht aktuell.

Jetzt bei der WM haben Väter Interesse, wenn ihre Kinder da Fußball spielen und auch schon mal mit ihnen spielen, oder laden sie ein dazu, das scheint mir eine wichtige Sache zu sein. Also dass man das nicht über die negative Schiene macht, Väter rügt: „Warum kommt ihr nicht?" und so, sondern ihnen Angebote macht, also positive Angebote macht, da eben raus findet, was mögen die Väter gerne, was ist ihr Interesse, und entsprechende Angebote macht, also Grillabende. Das mögen alle. Am Grillabend merkwürdigerweise kommen sie auch, da kommen die Väter vermehrt mit. Ich meine, das ist jetzt ein wenig platt daher gesagt, aber das macht ihnen immer wieder Spaß, da übernehmen sie immer irgendwie witzigerweise dann immer also denn Teil, so am Feuer zu hantieren (lacht) und das Fleisch zu backen wie die Jäger früher (lacht).

S: Ja, vielen Dank!

R: Ja, viel Erfolg!

Interview Nr. 11 mit Se. (Vater)

S: Welchen Beruf üben Sie aus?

Se: Ich bin technischer Angestellter als Bauingenieur.

S: Ja, welche Vor- und Nachteile bringt Ihnen der Beruf im Hinblick auf die Behinderung Ihres Kindes?

Se: Mein Beruf, der Ort ist in Frankfurt. Ich habe eine sehr lange Anfahrt, dort entstehen pro Tag alleine durch die Anfahrt dreieinhalb Stunden Fahrzeit, und daraus ergibt sich sowohl morgens als auch abends natürlich sehr wenig Zeit. Das ergibt dann Über-60-Stunden-Woche.

S: Gut, was hat sich durch die Behinderung geändert in Ihrem Leben?

Se: Das war schon einschneidend, als uns dann klar wurde, nicht direkt durch die Geburt ergeben, sondern später. Was hat sich da ergeben? Einschneidend. Der L. macht laufend Arbeit, weil man kann ihn nicht allein lassen wie ein Kind, wie ein Säugling, sogar noch wie ein Einjähriger, den man nicht aus den Augen lassen darf, und damit muss man zu jeder Zeit absprechen, dass einer nach ihm guckt, egal was ist. Es gibt nicht so viele Ruhephasen, wenn man von der langen Arbeit nach Hause kommt, ist es so, meine Frau dann eben vom Tag mit L. geschafft ist, und dann wäre eigentlich ich dran, ich bin aber dann selber auch durch den Beruf, auch eigentlich Erholung bräuchte, ist dann eben, dass es dazukommt, dass abends keine Ruhephasen geht, und das die Woche lang. Wochenende kann man sich eher abwechseln.

S: Können Sie noch mal sagen, wie Sie Ihre Position als Vater in der Familie sehen?

Se: Als Vater Position, also ich denke, bei uns sind wir schon ein Team, also das dem nicht klassischen Verständnis so entspricht, wie das noch bei anderen oder noch von früher her kennt, also, bei uns ist es schon so wirklich, dass beide schon sich um das Kind zusammen kümmern, soweit das eben möglich ist, weil ich den vollen Job mache und meine Frau halbtags macht, aber dass ich die Zeit, die ich habe, dafür verwende, dass in der Familie eben es auch läuft, dass ich mich nicht raus ziehe, gerade eben das Gegenteil versuche.

S: Wie ist das bei der Kindererziehung? Können Sie Ihre Einstellung, Vorstellung mit einbringen oder sagt Ihre Frau: „Nein, wir machen das so, wie ich mir das vorstelle."

Se: Nee, das machen wir eigentlich zusammen, also das ist eher natürlich, diskutieren wir auch mal. Manchmal ist es so, da bringe ich diesen klassischen Part auch mal ein. Vielleicht dieses strenger, also etwas gradliniger und nicht zu sehr verwöhnen, aber das ist schon fast abgesprochen mit meiner Frau, dass sie dann sagt: „Wir lassen sie doch mal." Und ich sag: „Nee, wir ziehen das durch." Da ist aber meine Frau einverstanden, es kann aber auch umgekehrt sein, da ergänzen wir uns eigentlich.

S: Können Sie vielleicht sagen, wie Ihre Beziehung zu L. ist?

Se: Also die Beziehung zu L., also der ist schon tief, würde ich schon sagen, also gut wie zu den anderen Kindern auch, gerade bei L. sehr intensiv, weil man weiß, dass er Hilfe braucht rund um die Uhr, Schutz jederzeit, wie man eben ein kleines Kind schützt, jetzt ist er schon größer, wird manchmal schon heftiger, aber man hat immer noch das Kleinkind-Gefühl, dass man rund um die Uhr da sein will, man schaut, dass es nichts passiert.

S: Wie viele Geschwister hat Ihr Sohn?

Se: L. hat noch zwei ältere Geschwister, ein Bruder mit elf und eine Schwester mit 13.

S: Wie alt ist L. noch mal?

Se: Er ist sechs Jahre.

S: Können Sie, Sie hatten kurz angedeutet, können Sie vielleicht noch mal sagen: Wie hat sich Ihre Beziehung zu Ihrer Frau geändert durch die Behinderung des Kindes?

Se: Ja, also das Leben ist härter geworden, das stehen wir eigentlich gemeinsam durch, wie wir auch eigentlich früher alles gemacht haben. Wir stehen öfter an die Grenzen. Unsere Beziehung hat nicht gelitten, fast im Gegenteil, diese gemeinsame Erkenntnis, das ist, ein behindertes Kind zu haben und damit sich auseinander zu setzen, war auch eine Erfahrung. Und auch noch die Untersuchungen, in Deutschland herum zu fahren, sich darum zu kümmern, das waren auch natürlich intensive Gespräche, wo man sich eigentlich intensiver kennen gelernt hat. Es ist noch härter geworden im Vergleich zu normalen Familien. Allein der Weg, bis man sagen konnte, dass man ein behindertes Kind hat, bis man das sagen konnte, das war auch eine Erfahrung, die wir auch zusammen gemacht haben, bis wir das konnten. Also die Beziehung hat nicht gelitten, gewonnen kann ich jetzt direkt auch nicht sagen, weil unsere Beziehung auch vorher intensiv war in der Hinsicht.

S: Können Sie noch mal ganz kurz sagen: Was bedeutet für Sie, Vater eines behinderten Kindes zu sein? Was ist für Sie positiv? Was ist belastend?

Se: Gut, also das Belastende ist die Zeit, wo man unter Strom steht, wenn man keine Erholung hat, das ist eben so. Feierabend gibt es nicht, es gibt auch ein Wochenende ist nicht unbedingt Erholung, weil trotzdem immer einer auf der Hut sein muss oder schauen muss, was es bedeutet – gut, das Positive ist vielleicht, dass man mal belanglos ist, wo man eher früher oberflächlich, vielleicht man hat drei Kinder, lebt so vor sich hin. Durch die Behinderung des Kindes lernt man, anders sich zu bewegen.

S: Wenn Sie so überlegen, was denken Sie also, wie denken andere über Ihre Situation, Verwandte, Freunde, Nachbarn?

Se: Also gut, die einen, die damit nicht umgehen können, häufig Ältere auch, die das nicht akzeptieren wollen, die sagen dann immer, sie reden alles klein, sie verniedlichen alles: „Ist alles doch gar nicht so schlimm, er kann doch schon laufen, reden." Und für sie ist es auch erschreckend, wenn man sagt: „Er ist behindert."

S: Wie gehen Sie damit um?

Se: Teilweise offensiv, dass man sagt: „Er ist behindert." Das braucht man nicht zu verniedlichen, das ist so auch offen sagen versuchen, auch zu vermitteln, dass man mit dem Verstecken nicht weiter kommt, das ist das Eine. Es gibt dann Andere, oft Gleichaltrige, die das auch nicht kennen, wo wir dann auch gemeinsam zum Schluss kommen, es gibt viele, auch Freunde, die wohl nicht erkennen, welchen Aufwand und was wir auch wirklich machen, wo man das Gefühl hat, die gucken von oben drauf, oh heile Familie. Für uns ist es dann interessant, wenn wir Bekannte treffen, die auch behinderte Kinder haben. Eltern behinderter Kinder miteinander haben eine andere Sicht, das nachzuvollziehen, was das für Leistungen sind, die man dann nicht selber unbedingt so empfindet, weil man das für den Sohn tut.

S: Gibt es Dinge, die Sie nicht ansprechen mit Familie oder Verwandten, Freunden? Die Ihnen sehr, sehr schwer fallen, mit den Freunden zu besprechen? Oder ist das so, dass Sie mit ihnen alles besprechen können?

Se: Nicht, das ist alles, was wir eigentlich gelernt haben, dass man eben nicht mehr hinterm Berg dicht hält. Wir machen alles trotzdem zusammen, und sie bekommen eben mit, wie er zum Beispiel in die Hose macht, das ist eben nicht immer so lustig. Das ist nicht, dass wir es immer verstecken. Ich denke, das bringt auch nichts, muss auch so sein, dass die Gesellschaft nur weiter bringt, dass sie langsam dafür ein Gefühl entwickeln, natürlich ist es so, dass bei älteren Leuten es nicht immer so, da sagt man: „Na ja, er kann drei Worte mehr, wird schon besser." Aber was man selber dabei denkt, das ist noch eine andere Geschichte. Was dann so gibt, sind Zukunftsängste: „Was wird mal aus ihm?" Darüber rede ich nicht unbedingt, das reden wir nur unter uns, weil möchte man sich gar nicht überlegen, wobei da unser Grundgedanke immer ist, der uns tröstet, dass man sagt: „Der L. hat, wie er ist, bei uns gut getroffen."

S: Was empfinden Sie, wenn andere auf die Behinderung aufmerksam werden? Und wie reagieren Sie?

Se: Seit wir uns selbst darüber klar geworden sind, „behindertes Kind", ich hätte es von mir früher nie gedacht, aber das war dieser Lernprozess, wo uns auch noch einer geholfen hat, der uns das vermittelt hat: „Er ist behindert, Ihr müsst das einfach akzeptieren." Wo wir über diesen Punkt waren, ist kein Problem mehr, also verstecken gar nicht. Das gibt bestimmt Situationen, in denen man sagt jetzt: „Eigentlich ist es, ich denke, wir sind inzwischen darüber hinweg, es ist für mich akzeptiert, und die anderen müssen auch akzeptieren." Das gehört einfach dazu, hätte ich es vorher auch nicht gedacht, muss ich zugeben, früher hätte ich mich geniert oder so.

S: Was würden Sie sich von Ihrem sozialen Umfeld wünschen?

Se: Also wir haben schon ein tolles soziales Umfeld, muss man so sagen, weil die Eltern noch haben, die es auch erkennen, wenn wir erschöpft sind, und uns etwas abnehmen. Das ist schon toll, wie sie damit umgehen. Das nächste ist, dass man durch die Behinderung Leute kennen gelernt hat oder auch neue Leute kennen lernt, die eher damit umgehen können. Das kommt natürlich auch mit dazu, dass man da bestimmt den Freundeskreis ändert.

S: Okay, vielen Dank für das Gespräch.

Se: War schon alles? (lacht)

S: Das war's. Herzlichen Dank!

Se: Ja.

Interview Nr. 12 mit Herrn H. (Vater)

S: Welchen Beruf üben Sie aus?

H: Ich bin Reiseveranstalter, d. h., mir gehört eine kleine Firma. Wir veranstalten Reisen für Familien mit Kindern. Das Büro ist in Cappel so drei Kilometer von hier. Wir schicken Familien mit ihren Kindern in ganz Europa, zum Beispiel Italien, Frankreich etc.

S: Spannend.

H: Ja, ist ganz schön ja.

S: Welche Vor- und Nachteile bringt Ihnen jetzt der Beruf im Hinblick auf die Behinderung ihres Kindes?

H: Ich würde mal sagen, die Vorteile sind die, dass wir damit relativ viel Geld verdienen und damit auch bei der Hilfsmittelversorgung zum Beispiel oder auch bei der Versorgung von Betreuungsleistungen relativer großzügig sein können, ist das eine Wichtige, aber glaube ich noch, ist die zeitliche Flexibilität, die ich habe, wo ich eben sagen kann, ich kann heute nicht ins Büro, weil mal wieder der L. krank ist, dann bleibe ich halt hier, wenn meine Frau an diesen Tagen arbeiten muss. Nachteile sind, dass ich relativ wenig Urlaub habe, vielleicht drei, vier Wochen im Jahr, nicht sechs oder acht Wochen, und eine zweite Sache, dass man, wenn man eine Firma hat, man es irgendwie im Kopf selbst am Wochenende, ich habe nie richtig frei vielleicht wie andere, die nach Stechuhr arbeiten oder Ähnliches, aber ich würde trotzdem sagen, dass die Vorteile eindeutig überwiegen, gerade diese zeitliche Flexibilität ist bei ihm ganz wichtig.

S: Ja, was hat sich durch die Behinderung geändert?

H: In welcher Hinsicht? Beruflich oder in meinem Leben?

S: In ihrem Leben allgemein so gesprochen.

H: Der L. ist jetzt zehn. Seit neun Jahren wissen wir, was ist, das ist so lange her, dass ich mich nicht mehr erinnern kann, wie es vorher war.

S: Ja.

H: Also, einer von uns ist immer mit L., vielleicht außer nachts drei bis vier Stunden, wenn er schläft, das ist eine Sache, die sehr ungewöhnlich ist, auch für die Beziehung, man ist immer zu dritt, eigentlich von den anderen Kindern abgesehen, was weg ist, die ganze Leichtigkeit, man sagt einfach, ich geh jetzt in die Stadt, man muss Windeln einpacken, man muss den L. in den Stuhl setzen, man muss an tausend Dinge denken, was mir jetzt auch schwer fällt, wo gerade meine Frau weg ist. Gestern waren wir im Schwimmbad, habe die Windeln vergessen zum Beispiel, ja das klingt harmlos, aber dramatisch, weil so ein Schwimmbad keine Windeln hat, das sind Dinge, die sich geändert haben, diese Grundleichtigkeit, was man abends einfach spontan machen kann, in die Kneipe zu gehen, ich muss sagen, dass mich und meine Frau nicht besonders hart trifft, weil wir sind Menschen, die gerne hier sind.

S: Ja.

H: Ich glaube, dass wir uns das nicht einreden, das macht mir weniger aus als Menschen, die in Kneipen gegangen sind, aktiv waren, Urlaub gemacht haben, aber es ist auch wie gesagt im Alltag hier setzt und sagt, ich gehe mal ganz kurz in den Keller, selbst das geht eigentlich nicht, es muss eigentlich immer jemand bei ihm sein, weil er sich sehr leicht übergeben kann, dann kann er ersticken. Das Spontane, Leichte ist weg, das hat sich hauptsächlich geändert.

S: Dann kommen wir zu der nächsten Frage, ich muss noch mal fragen, wie sehen Sie Ihre Position als Vater in der Familie?

H: (Schnauft ganz lange) Ich habe da eine relativ konservative Vorstellung sage ich mal ...

(Kurze Unterbrechung)

S: So, es kann weitergehen ...

H: Es ging um Vaterrolle ...

S: Ja, richtig.

H: Zwei Dinge, zum einen natürlich das Verhältnis zu den gesunden Kindern, wo ich gucken muss, dass ich nicht zu sehr auf den L. konzentriere und dass die anderen manchmal zu kurz kommen, das ist das eine, dass ich halt versuche, für die andern beiden ein Vater zu sein, der nicht die ganze Zeit mit dem behinderten Geschwisterchen zu tun hat, was natürlich oft nicht geht. In dem Moment wird es deutlich, wir gehen ins Schwimmbad, habe den L. in den Arm und kann mit den andern nicht wild herumtoben oder Ähnliches, aber in vielen Dingen bemühen wir uns schon durch Einzelunternehmungen, was die Vaterrolle ansonsten anbetrifft. Ich sagte es eben schon, dass ich konservativ bin, wenn eine gewisse Aufgabenteilung ist zwischen Mutter und Vater, kann das nicht unbedingt schaden, also wenn die Mutter vielleicht ein bisschen mehr für den emotionalen Teil zuständig ist, vielleicht Vater etwas strenger ist, dann ist das glaube ich Aufgabenteilung, die nicht schaden kann. Was jetzt den L. speziell anbelangt, da versuchen wir weitestgehend uns aufzuteilen, tagsüber macht meine Frau viel mit L. und nachts bin ich für ihn zuständig.

S: Welche Einstellung hat Ihre Frau zu Ihrem Umgang mit dem Kind?

H: Na ja, es fällt ihr, also sie übernimmt bei der Versorgung den größeren Teil, die Ernährung, man muss ihm so alle 20 Minuten eine Spritze geben, das macht in der Regel sie, es ist auch gut, wenn es in einer Hand ist.

S. Welchen Einfluss hat Ihre Frau auf die Ausübung Ihrer Vaterrolle?

H: Das ist eine schwierige Frage, welche ...

S: Welchen Einfluss ...

H: ... hat meine Frau auf die Ausübung meiner Vaterrolle?

S: Sie haben ja angedeutet, dass Sie die Möglichkeit auch haben, das zu tun mit L., was sie für richtig halten, oder sagt Ihre Frau, das muss so gemacht werden?

H: Im Großen und Ganzen lässt sie freie Hand, na ja, nun gut, ich würde sagen, dass wir ziemlich gleich kompetent sind, was die Dinge für seine Versorgung anbelangt. Sie ist geduldiger, dafür bin ich, was das Medizinische angeht, kritischer. Wir ergänzen uns.

S: Welchen Einfluss hat Ihr Kind auf die Ausübung Ihrer Vaterrolle?

H: Die Frage, die ich nicht verstehe, gegenüber anderen Kindern sagte ich schon natürlich die Funktion, dass er sehr viel, viel Zeit in Anspruch nimmt, d. h., man hat weniger Zeit für die anderen Kinder, auch die Vaterrolle ihm gegenüber, na ja (lacht), hat maßgeblichen Einfluss man liebt das Kind ja, möchte das Beste für das Kind, und darum mag es sein, dass man diese Vaterrolle stärker ausübt, wenn ich auch nur gesunde Kinder hätte, würde ich mir Gedanken machen, ob sie den richtigen Weg gehen, nur hier ist man viel emotionaler dabei, man ist auch zeitlich sehr involvierter.

S: Ja, danke, was bedeutet Ihr behindertes Kind für Ihre Beziehung zu Ihrer Frau?

H: Dass sie ganz anders wäre, die Beziehung, wenn wir kein behindertes Kind hätten, ich glaube aber auch, dass man nicht sagen kann, sie wäre besser oder schlechter zwangsläufig, das ist natürlich so, ich habe meine Frau in den letzten fünf Jahren, ich weiß es nicht in Stunden, wo wir alleine waren, es waren immer Kinder dabei, das ist natürlich für eine gute Beziehung sehr wenig. Das ist das eine, das andere ist, dass man also, so sehe ich es, zumindest die Möglichkeit sich zu trennen gar nicht erwäge oder nicht erwägen kann, das ist ein Denken außen vor, einer von uns käme mit L. alleine nicht zurecht, natürliches ist es auch bei gesunden Kindern schlimm, wenn sich die Eltern trennen, das ist aus meiner Sicht fast unmöglich, dadurch geht man mit der Beziehung anders um, ich würde sagen, es ist sehr positiv, das Gefühl, damit anders umgehen zu können.

S: Sie haben schon angedeutet, aber vielleicht frage ich noch mal nach, was bedeutet für Sie, Vater eines behinderten Kindes zu sein?

H: Fange zunächst mit mir selbst an, es bedeutet ...

S: Was ist positiv?

H: Mit dem Positiven soll ich anfangen, gut, dass ich weiß, dass ich ein sehr festes emotionales Zuhause habe, das ist sehr schön, ich glaube auch, selbst die Beziehung zu den anderen beiden Kindern, zu L. ist sie intensiver, auch meine Frau wäre ohne L. viel berufstätiger, dadurch dass sie es nicht ist, ist jemand zu Hause. Es bedeutet für mich, dass man ein hohes Maß an Verantwortung hat für den L., da reicht ja ein falscher Handgriff mehr oder weniger, ein Autounfall und der ist schlicht und einfach tot, also wenn ich im Auto sitze mit Tempo 20 einen Auffahrunfall mache, dann bricht ihm das Genick, dann ist er tot. Also man hat ein sehr hohes Maß an Verantwortung, die eben Lockerheit, Spontanität wegnimmt.

S: Wie denken andere über Ihre Situation?

H: Freunde?

S: Ja.

H: ...

S: Freunde, Nachbarn ...

H: Bei vielen weiß ich es schlicht einfach nicht, das ist ein Stück Thema, das sich in der eigenen Welt abspielt. Manche behandeln mich, als hätte ich den L. gar nicht, die rufen an, obwohl sie genau wissen, dass wir das Kind seit zehn Jahren haben, laden uns spontan abends ein, eigentlich müssten sie wissen, dass wir gar nicht kommen können, sie behandeln uns, als hätten wir den L. gar nicht. Auch viele Nachbarn sprechen mich an, auch wenn L. dabei ist, und reden über Dinge, über den Hund, über das Wetter, aber sagen nicht mal Hallo zu L., auch das gibt es. Die behandeln uns, als gebe es den L. gar nicht, dann gibt es natürlich auch sehr viele, die sagen wie Gott, was ihr da leistet, unglaublich, das gibt es bei vielen, es gibt auch einige, die darüber hinaus Hilfe anbieten, sowohl bei Nachbarn als auch bei Freunden, wobei man sagen muss, der L. ist schwer behindert, man kann ihn eben nicht bei Nachbarn abgeben, die ihn noch nie hatten, wenn ich auf Geschäftsreisen in Italien, und meine Frau hat Hexenschuss und kann den L. nicht heben, da kommen auch Nachbarn und helfen.

S: Können Sie über Ihre Gefühle reden, was emotional in Ihnen vorgeht?

H: Ich dachte, dass tue ich die ganze Zeit (lacht) ...

S: Ja, das tun Sie.

H: Wem gegenüber?

S: Ihrer Frau.

H: Meiner Frau gegenüber?

S: ... den Kindern ...

H: Gut, auch da jetzt muss ich unterscheiden, fangen wir mal mit den Kindern an, bei den beiden gesunden Kindern bemühe ich mich wie ein normaler Vater zu verhalten, würde ich mal sagen, seine Kinder liebt man selbstverständlich, aber ich sag auch, ich freue mich, wenn sie werden, also das heißt, die N. ist 14, eine gewisse Loslösung, leben und entlassen können, also ich glaube, ich klammer da nicht zu sehr, ich liebe die Kinder. Wir sind eine intensive Familie, sicherlich auch durch den L., da bemühe ich mich und glaube, dass ich es ganz gut mache. Bei L. ist es so, dass er durch die Hilflosigkeit starke Gefühle auslöst, das kann sein, da weiß ich nicht, ob man das als Vater-Kind-Beziehung bezeichnet, meine Frau bewundere ich, wie sie die Situation meistert, sie ist ein paar Jahre jünger als ich, vielleicht, vielleicht ist gerade dumm was ich jetzt sage, vielleicht fällt es jemandem, der jünger ist, schwerer, sich auf eine solche Situation einzulassen, weil er denkt, etwas zu verpassen. Ich hatte zehn oder acht Jahre, wo ich für den L. nicht alle Dinge gemacht habe, also denke ich mir manchmal, vielleicht sie hat weniger als ich erlebt, ich habe zehn Jahre Vorsprung, sie trägt wie gesagt das mit bewundernder Ausdauer und Geduld, und das ist sicherlich ein Punkt, wo sie meine Bewunderung, meine Gefühle verstärkt, durchaus gut, ich meine, ansonsten ist zwischen uns, ich glaube, es gibt die gleichen Spannungen wie bei anderen Paaren und mir selbst gegenüber, also sind da schon Situationen, wo ich denke, ich war vor 25 Jahren während des Studiums in der Schule, wo gerade L. zur Schule geht, ich habe damals Pädagogik studiert und habe da Praktikum gemacht, nicht lange, zwei, drei Tage, und ich habe damals gedacht, ich war sehr froh, als ich da weg war mit den ganzen Behinderten, ganz fremde Welt, jetzt habe ich das täglich mit dem L., jetzt habe ich sehr oft mit behinderten Menschen zu tun, und mein Leben ist ganz anders, und manchmal denke ich, ich weiß nicht, ob das mein Leben ist, welches ich hier führe, ich hätte niemals gedacht, dass das mal so wird. Vielleicht denkt man oft, dass man nach diesem Leben in ein anderes Leben kommt, es ist nicht schlecht, das Leben, das wir führen, manchmal kommt es einem nur so unmöglich vor.

S: Haben Sie einen Kinderwunsch?

H: Einen Kinderwunsch? Wir wollten viele Kinder, aber jetzt haben wir drei und den Hund als viertes, wir wollten eigentlich mal fünf haben, durch den L. haben wir das gelassen, weil wir die Ursache seiner Krankheit nicht wissen und uns gesagt wurde, bei einem weiteren Kind ist die Chance schlecht, und einfach ein Viertel krank, das ist ein Risiko, das glaube ich, man nicht tragen kann, weil wir einen L. bewältigen können, zwei L. rein technisch kann man nicht bewältigen.

S: Ja, was wünschen Sie sich von Ihrem sozialen Umfeld, Verwandten, Familie? Jetzt in bezug auf L.?

H: Eigentlich nichts, eigentlich nichts, ich würde sagen, unser Staat ist sehr, sehr hilfsbereit, sehr, sehr großzügig in der Hinsicht, was wir für Hilfsleistungen für den L. bekommen, was für Angebote es von der Schule gibt, ich glaube nicht, dass es das so in vielen Staaten gibt, da bin ich dafür sehr dankbar und freue mich darüber. Von den Verwandten ist es so, dass zum einen die Verwandten, die wir haben, alle weiter weg wohnen, und zähle auch meine Freunde, die hier in der Nähe wohnen mit zu Freunden, die wir haben, können das nicht leisten, was wir erwarten. Unsere Familie leistet im Rahmen ihrer Möglichkeiten, was sie können.

S: Ja, vielen Dank.

H: Das war's?

S: Das war's.

H: Schön.

S: Herzlichen Dank.

H: Bitte schön.

Interview Nr. 13 mit Herrn H. (Vater)

S: Welchen Beruf üben Sie aus?

H: Ich bin Arzt, speziell Hautarzt.

S: Ah, welche Vor- und Nachteile bringt Ihnen der Beruf jetzt im Hinblick auf die Behinderung ihres Kindes?

H: Fangen wir mit dem Vorteil an ... erstens fällt es mir natürlich aufgrund des Berufes leichter, die Hintergründe zu verstehen, die zu einer Behinderung geführt haben und Dinge, die man therapeutisch beeinflussen kann eigentlich als solches zu akzeptieren, was vielen aus meiner Erfahrung heraus schwer fällt, wenn sie die Mechanismen nicht verstehen können. Das ist das eine, und das zweite... dadurch, dass ich in der medizinischen Versorgung selbst tätig bin, viel mehr mich einbringen kann, ist ein großer Vorteil, dass man nicht auf jede Kleinigkeit darauf angewiesen ist. Der Nachteil ist vielleicht, dass es zu Anfang so gewesen ist, wenn man weiß, wie die Entwicklungen in solchen Fällen ablaufen, nicht unbedingt einen besonderen Optimismus hat, sondern eher auch dazu neigt, man sagt gut, also es ist nun mal eine bestimmte Tatsache da, das muss man akzeptieren. Unter dem Strich sehe ich aber die Vorteile größer als die Nachteile. Der Nachteil ist eigentlich ein psychologischer, den ich mit mir selber ausmachen musste, aber ansonsten habe ich große Vorteile eigentlich vom Beruf her.

S: Ja, wie sehen Sie Ihre Position als Vater in der Familie?

H: Das ist ein Problem durch die Familienstrukturen, die wir haben. Normalerweise ist es ja so, dass in der Familie in der Regel eine Arbeitsteilung herrscht, dass die Mutter sich mehr um den Haushalt kümmert und die Väter sich dem Beruf widmen, und das ist in meiner Familie so, dass meine Frau selber voll berufstätig an der Universität arbeitet, und das ging eben nicht so einfach, und wir haben uns gesagt, drei Kinder, vorher eine ältere Tochter, die gesund ist, dann wurde der G. geboren, was in den ersten Jahren sehr schwierig war, weil G. zum Teil wirklich rund um die Uhr 24 Stunden versorgen werden musste, was ich dann versuchte mir mit meiner Frau zu teilen, was eben dazu führte, dass einer aus dem Beruf aussteigen musste, und da ist meine Frau ausgestiegen, weil sie aufgrund ihrer beruflichen Struktur eher arrangieren konnte, nebenbei etwas zu arbeiten, das bedeutete natürlich dann mehr Belastung, etwa durch die Pflege, weil natürlich in der Zeit, in der ich in der Klinik gearbeitet habe, zu dieser Zeit war ich nicht zuhause, stand nicht zur Verfügung, stand eigentlich nur nachts zur Verfügung. So haben wir uns versucht, das aufzuteilen, was natürlich für mich eine große Umstellung war, dass man lernen musste, sehr stark partnerschaftlich zu arbeiten, was ich so vorher nicht gewöhnt war, und ich muss sagen, das hat bei mir und bei meiner Frau einen sehr starken Lerneffekt ausgelöst, der nicht immer so freudig wahrgenommen wurde, ist klar, was uns eigentlich geholfen hat, waren auch eigentlich unsere anderen Kinder. Es ist noch eine zweite Tochter geboren, die ist jünger als der G., und was noch eine ganz wichtige Erfahrung war, dass wir mit der Familie im Urlaub zufällig in eine Behinderteneinrichtung gekommen sind, dort das erste Mal erlebt haben, wie man normal miteinander umgehen kann, das war eigentlich ein grundlegendes Erlebnis, was damals sehr gefördert hat, die Bereitschaft, sich besser darauf einzulassen und nicht immer nur zu glauben, es muss sich doch etwas regeln, es muss doch etwas zu verändern sein, sondern dass man gesagt hat, gut, also es müssen bestimmte Probleme gelöst werden, und das versuchen wir.

S: Spannend ...

H: Das gibt natürlich auch Probleme innerhalb der Partnerschaft oder innerhalb der Familie, und eigentlich ... ich denke, es sind zwei Dinge wichtig dabei, dass man sich klarmacht erstens, dass es auch zu einem gehört, zu einem selbst gehört, und dann muss man versuchen, irgendwie sich zu arrangieren, und ich denke, es schadet einem sehr, wenn man immer versucht, dagegen zu opponieren. Diese Erfahrung habe ich gemacht, das deprimiert nur, nimmt einem die Kraft.

S: Konnten Sie Ihre Vorstellungen von Erziehung mit einbringen oder hat Ihre Frau alles so bestimmt?

H: Nein, also das ist ... ich habe meine Vorstellungen schon mit einbringen können, weil ich da ziemlich klare Vorstellung gehabt habe, was wir tun wollen. Der Unterschied ist, dass Frauen und Mütter stärker emotional beteiligt sind als Väter, und man hat als Vater natürlich große Chancen, auch den Abstand, den man natürlich hat, dazu zu nutzen, Entscheidungen nicht nur emotional, sondern auch rational zu entscheiden, das ist aber nicht immer einfach, das führt auch innerhalb der Familie zu Auseinandersetzungen. Aber ich denke, dass wir solche Dinge miteinander klären, es war z. B. eine schwierige Situation, als der G. älter wurde, und ich habe mir immer vorgenommen, dass wir unser behindertes Kind genauso sozial integrieren wollen wie die gesunden Kinder auch, und wir hatten uns vorgenommen, wenn er so 18 ist, an sich für ihn eine soziale Struktur aufzubauen, die von der Familie unabhängig existiert, und das war theoretisch einfach, aber die praktische Umsetzung war sehr schwierig, weil ein Mensch in allen Schutzreflexe auslöst, man bekommt ein schlechtes Gewissen. Ich kümmere mich nicht sehr um ihn, gebe ihn an Fremde weiter, aber ich denke, man muss versuchen, so was verstandesgemäß sich dann klarzumachen, wenn es auch gefühlsmäßig schwierig ist, und ich glaube, das war für mich eine wichtige Rolle in der Familie, die ich zu spielen hatte, und inzwischen haben wir es beide geschafft, aber es war nicht einfach, da spielt eben für mich die Rolle, dass dabei mir mein Beruf geholfen hat, und zwar mit Menschen umzugehen, die gesundheitliche Probleme haben, oder die Behinderungen haben, und das hilft, manches weniger emotional anzugehen.

S: Ich muss noch mal fragen, was bedeutet Ihr behindertes Kind für die Beziehung zu Ihrer Frau?

H: Die hat Wechsel durchgemacht, also zu Anfang hatte man versucht, sich aufeinander einzustellen, das ist natürlich nicht immer so, es gibt auch Situationen, wo die Gefahr ziemlich groß ist, dass man sich von einander entfernt, das hat mehrere Ursachen, glaube ich, erstens kann es sein, dass man die Belange eines behinderten Familienmitglieds nur noch in den Vordergrund stellt, das halte ich eigentlich für nicht so sehr gut, aus meiner Erfahrung heraus sollte man versuchen, auch die anderen, wenn man andere Kinder hat, andere Familienmitglieder, halt allen gleich gerecht zu werden, und dass man auch einem Behinderten bestimmte Dinge zumuten muss, und das ist nicht so einfach, führt unter Umständen zu Auseinandersetzungen innerhalb einer Partnerschaft, und man muss sich klarmachen, ob ich eigentlich auch für den anderen da sein kann, wenn meine Partnerschaft stimmt. Primär ist mir der Partner wichtig, natürlich wackelt das irgendwann, wenn ich nicht mehr zur Verfügung stehe, dann bin ich das Ganze los, aber es kommt darauf an, jeder muss mit sich selbst ausmachen, wie wichtig ist mir eine Familie und wie ist meine Verantwortung. In meinem Umkreis habe ich erlebt, wie viele Partnerschaften gescheitert sind.

S: Sie haben es schon angedeutet, vielleicht könnten Sie es noch mal sagen, was bedeutet für Sie, Vater eines behinderten Kindes zu sein? Was ist positiv, was ist negativ?

H: Positiv habe ich von G. viel gelernt habe, dass bestimmte Vorstellungen, die ich im Leben habe, nicht unbedingt umsetzbar sind, dass ich nicht einen Sohn habe, der meinen Vorstellungen nicht entspricht, man lernt mit unerwarteten Situationen gelassener umzugehen, ein anderes Management seines Lebens zu machen. Ich finde das eigentlich sehr positiv, lernen kann ich, ruhiger, zufriedener mit Lebenssituationen umzugehen, nicht immer zu glauben, ich muss noch etwas erreichen und dass äußere Ziele nicht immer das Wichtige sind, sondern durchaus auch wichtiger ist, eine gute Beziehung, eine emotionale Beziehung zu anderen Menschen zu führen, das ist, was ich deutlich gelernt habe.

S: Wenn Sie so überlegen, wie denken andere über Ihre Situation?

H: Sie schätzen sie eigentlich sehr viel negativer ein, also ich erlebe heute immer wieder „Wie hast du denn das geschafft?" oder „Wie habt ihr das geschafft?" und „Wie habt ihr das denn durchgehalten?" oder „Wie ging das überhaupt?", es ist häufig eigentlich Unkenntnis, es ist auch von der Art der Behinderung abhängig. Menschen sind in ihrer Behinderung aggressiv und unkontrolliert, sie müssen ständig beaufsichtigt werden, um sich selbst oder anderen keinen Schaden zuzufügen, und das ist natürlich viel, viel schwieriger, und wir haben es natürlich relativ etwas einfacher gehabt, weil eben das nicht passiert ist, weil wenn ein Mensch sehr behindert ist, kann man das gar nicht, man lernt die Situation anders einzuschätzen, mir ist zu Anfang gesagt worden: „Was, Sie haben ein behindertes Kind und jetzt noch ein anderes, das ist doch einfach asoziales Verhalten ...“ Man kann eigentlich dazu gar nichts sagen, da muss man einfach sagen, das ist ein Unverständnis, ich habe die Erfahrung gemacht, dass ich mit Menschen, die sich mit Behinderungen beschäftigen, eine bessere menschliche Beziehung pflege, aber wie gesagt, das ist eine subjektive Wahrnehmung, ich lasse mich darauf ein.

S Fällt es Ihnen schwer, darüber zu reden?

H: Heute nicht mehr, früher schon, aber zu Anfang hatte ich Probleme, wenn andere gefragt haben: „Warum läuft er nicht, warum spricht er nicht?“

S: Wie sind Sie damit umgegangen?

H: Ich habe mit meiner Frau darüber gesprochen, wie wir uns verhalten sollten, es ist sehr wichtig, dass man mit seinem Partner spricht, dass man vielleicht auch Freunde hat, mit denen man darüber sprechen kann, das halte ich für ganz wichtig, nicht, dass man versucht, alles alleine zu regeln, das geht schlecht, dann verrennt man sich schnell in irgendwelche falschen Gedanken. Das ist das eine und das zweite, dass wir dann versucht haben, von vorneherein in die Offensive zu gehen, sage ich mal, wir haben sofort gesagt, wir haben ein behindertes Kind, und dass wir aber auf der anderen Seite versuchen, ihn überall mit hinzunehmen, also was wir alles gemacht haben, hat er mitgemacht. Zu Anfang, als er noch jünger war, haben wir ihn überall hin mitgenommen, ob beim Wandern ... Manchmal frage ich mich im Nachhinein, ob das richtig war, ihn überall mitzunehmen, es ist schwierig, das richtige Maß zu finden.

S: Was haben Sie empfunden, wenn andere gemerkt haben, dass Sie ein behindertes Kind haben?

H: Das war sehr unterschiedlich, je nach dem, wie die Reaktionen waren. An vielen Stellen sehr viel Positives, hilfsbereite Menschen sind auf einen zugekommen, und eben andere, die gibt es auch überall, ich kann nur sagen, es sind zum Teil Egoismus, Dummheit, aber das ist auch eigentlich, was man im Leben auch findet, das ist keine Besonderheit, es wird da eher offensichtlicher, man lernt Menschen dadurch schneller kennen. In meinem Freundeskreis habe ich nicht erlebt, dass sich nur auch einer abgewandt hat, das haben wir auch von unseren Freunden erwartet, das hat geklappt, hätte die Beziehung auch nicht gestimmt.

S: Haben alle mitgezogen? Familie auch?

H: Kann ich so sagen, ja.

S: Super, das ist erfreulich.

H: Es war eigentlich selbstverständlich, denn er wurde mit integriert, es hat gar nicht so große Schwierigkeiten gegeben bei uns, muss ich sagen.

S: Okay, herzlichen Dank für das Gespräch.

H: Bitte.

Interview Nr. 14 mit Herrn K. (Vater)

S: Welchen Beruf üben Sie aus?

K: Ich bin Kfz-Meister.

S: Ja, welche Vor- und Nachteile bringt Ihnen der Beruf im Hinblick auf die Behinderung Ihres Kindes?

K: Im Hinblick auf mein Kind ist halt eben so, dass es ein Saisongeschäft ist. Und in den Sommermonaten ist es so, dass ich dadurch, dass ich Meister in der Motorradwerkstatt bin, relativ stark eingespannt bin. Arbeitszeiten habe auch von 6 Uhr bis 18 Uhr. Und morgens das Kind schon Richtung Schule geht, ich dann erst abends spät nach Hause komme. Das ist eben die Zeit, die man investiert.

S: Was hat sich durch die Behinderung Ihres Kindes geändert?

K: Was hat sich durch die Behinderung geändert? Das ganze Leben hat sich geändert. Man muss das Leben umstellen, das Leben auf das Kind einstellen, weil wenn man ein normales Kind hat, kann man sagen, man tut es zum Bruder, man tut es zur Oma, meiner Mutter, oder die Oma von S. hat das auch in den Jahren, wo sie fit war, gemacht, dass sie öfter genommen hat. Aber man stellt eben sein Leben um.

S: Wie sehen Sie Ihre Position als Vater in der Familie?

K: Ich bin der Vater, es ist mein Kind, ich möchte es nicht mehr hergeben. Ich meine, es wird irgendwann mal kommen, altersbedingt von meiner Seite her, altersbedingt von ihrem Gewicht her. Wenn ich 60, 65 Jahre alt werden sollte, bin ich mit Sicherheit nicht mehr in der Lage, sie als 30-jährige zu händeln und zu heben, da ist es eben schon so, dass eine Trennung und Abnabelung stattfinden wird. Solange das unser Kleines ist, ist sie unser Kleines...

S: Wie ist das - ah - jetzt bei Erziehungsfragen, können Sie da mitwirken, können Sie nur Vorstellungen mit einbringen? Oder ist es eher so, dass Ihre Frau sagt: „Nein, ich habe meine Vorstellung und das wird so gemacht"?

K: Nee, das gibt's bei uns nicht. In der Regel ist es so, dass es abgesprochen wird, Sachen, die für das Kind entscheidend sind. Und das ist so, dass ich ihre Sachen, die mir nicht passen, ihr sage und umgekehrt, das ist bei uns schon ein Miteinander. Anders geht es nicht.

S: Hat Ihr Kind Geschwister?

K: Nein.

S: Wie alt ist Ihr Kind?

K: Elf Jahre.

S: Was bedeutet Ihr behindertes Kind für die Beziehung zu Ihrer Frau?

K: Die Zeit für meine Frau und mich selber, die – da ist es so, dass die Zeit geringer wird, weil sie sich um das Kind kümmert oder ich mich um das Kind kümmere, und die Zeit füreinander in der Familie, die ist weitaus weniger und sie wird geringer.

S: Ja, noch mal: inwiefern?

K: Weil die Betreuung des Kindes intensiver ist, weil dadurch, dass unsere Tochter sich nicht selber bewegt, dadurch dass sie sich nur eine Zeit lang selbst beschäftigen kann mit den Spielzeugen, die sie hat, aber irgendwann wird es ihr langweilig und dann braucht sie ein neues Programm. Und das macht meine Frau oder ich. Einem normalen Kind sagt man: „Iss deinen Teller leer, putz die Zähne und gehe ins Bett." Wir füttern das Kind, wir putzen die Zähne, wir waschen es, wir bringen es ins Bett. Das sind so die Abläufe.

S: Was bedeutet es für Sie, Vater eines behinderten Kindes zu sein? Was ist positiv? Was ist eher belastend?

K: Positiv ist, dass die Bindung zu dem Kind weitaus größer ist als bei einem normalen Kind. Nach meinem Empfinden, hier, es geht ja um mein Empfinden, die Bindung ist intensiver aufgrund der Betreuung. Das Zusammensein im Vergleich, mit normalen Kindern ist bei uns vergessen, wir schauen immer, was sie dazulernt, und freuen uns darüber, ja. Was ist negativ? Negativ ist eigentlich nur die Belastungen. Man muss schauen, kriege ich den Rollstuhl unter. Eigentlich ist das nicht belastend. Man bekommt es in den Tag unter. Die Zeit ist geringer.

S: Sie hatten vorhin schon angedeutet, vielleicht können Sie es noch mal sagen: Wieviel Zeit verbringen Sie mit Ihrer Tochter?

K: Na, wie gesagt, in der Saison von März bis September ist es relativ wenig, weil ich ziemlich eingespannt bin durch die Arbeit, aber im Winter erlebt S. ihren Papa intensiver. Meine Frau sagt: der Quartalpapa (lacht).

S: Wie denken andere über Ihre Situation nach, dass Sie ein behindertes Kind haben?

K: Ich muss sagen, das interessiert mich gar nicht. Entweder sie akzeptieren es oder nicht. Wer es nicht akzeptiert, braucht nicht zu kommen. Das ist ganz einfach so. Es gibt Leute hier aus dem Umfeld, Umkreis, die das sehen, und sind auch Kinder dabei oder kleine Kinder, zehn, zwölf Jahre auch, die sagen: „Ich möchte zu S. gehen, ich möchte mit ihr spielen, ich möchte gucken, was sie so macht." Im Großen und Ganzen wird sie vom Umfeld akzeptiert. Ich selbst habe noch keine negativen Rückmeldungen erlebt, von den Leuten, die drum herum wohnen. Und von der Seite her, muss ich sagen, dass es mir egal ist, was die Leute sagen oder denken.

S: Gibt es Situationen, in denen es Ihnen sehr schwer fällt, etwas zu äußern oder mit Ihren Nachbarn darüber zu reden, es könnte sein, dass er komisch guckt oder so?

K: Nö, ich muss sagen, dass bei uns, weil meine Frau und ich mit dieser Behinderung von unserer Tochter überhaupt nicht versteckt geblieben sind ... Wir haben gesagt, es ist behindert, wobei wir am Anfang nicht wussten, inwieweit und wie die Behinderung war. Dass das Kind behindert ist, war uns schon klar, aber in welchem Rahmen? Am Anfang wurde uns gesagt, dass es sehbehindert ist, dass es ein schlechtes Gehör hat. Durch das Hörgerät ist es ein bisschen besser geworden. Aber wir haben nie aufgesteckt. Ich hatte nie Probleme zu sagen, dass unsere Tochter behindert ist.

S: Haben Sie einen Kinderwunsch?

K: Kinderwunsch?

S: Ja.

K: Jetzt noch?

K: Ich nicht, ich nicht.

S: Warum nicht?

K: Das hat eigentlich damit zu tun, das hat eigentlich damit zu tun (lacht): Unsere Tochter hat die ersten Jahre viel Medikamente bekommen und viel geschlafen. Dann waren so zwei, drei Jahre, wo sie nicht geschlafen hat, das heißt, dass sie 20 Minuten geschlafen hat, vier Stunden Speck gemacht, 20 Minuten wieder geschlafen, vier Stunden wieder herum geturnt. Sie hat gerufen, sie ist rumgesprungen. Meine Frau und ich haben uns mit der Betreuung abgewechselt. Sie ist schlafen gegangen, ich habe auf das Kind aufgepasst. Dann bin ich schlafen gegangen, meine Frau hat dann die Betreuung übernommen. Das war arg, das war aufreibend, da muss man schon starke Nerven haben, und da war für Familie wenig Zeit. Und ich hab dann zu meiner Frau gesagt: „Überlege es dir mit einem weiteren Kind." Ich bringe das andere ins Bett, und das andere steht gerade auf. Ich habe gesagt, die Zeit, die ich investiere, investiere ich für das behinderte Kind.

S: Ja, was wünschen Sie sich von Ihren Nachbarn, Familie und Freunden? Jetzt im Hinblick auf die Behinderung des Kindes.

K: Ich wünsche mir, dass die Leute es einfach akzeptieren, dass wenn wir irgendwo sitzen mit unserer Tochter, dass sie integriert wird, dass sie akzeptiert wird von Nachbarn und Familie. Sonst wünsche ich mir nichts. Wir haben sehr gute Freunde. Die Verwandtschaft ist intakt. Wir können unsere Tochter bei der Familie immer abgeben.

S: Sehr erfreulich.

S: Ja, vielen Dank. Keine weiteren Fragen.

K: Das war's?

S: Das war's.

K: Prima.

S: Herzlichen Dank!

K: Bitte schön, nichts zu danken.

Interview Nr. 15 mit Herrn R. (Vater)

S: Welchen Beruf üben Sie aus?

R: Ich bin Lehrer.

S: Welche Vor- und Nachteile bringt Ihnen der Beruf jetzt im Hinblick auf die Behinderung des Kindes?

R: Eigentlich alle, weil ich ja dadurch, dass ich Lehrer bin, hab ich immer erstens dann Ferien, wenn die Kinder auch Ferien haben, d. h., wir überhaupt keine Probleme mit der Betreuung während der Ferienzeiten haben, und der andere Vorteil ist gewesen, dass ich immer da bin, wenn die Kinder auch aus der Schule kommen, eben auch in aller Regel ist es deckungsgleich normalerweise so, dass die Schulzeit bis ein Uhr ist, bei I. war es beispielsweise bis vier Uhr, das heißt, sie ist erst Viertel nach vier nach Hause gekommen, und da war ich in aller Regel bis auf ein, zwei Ausnahmen zu Hause.

S: Und was hat sich geändert?

R: Eigentlich ... ach so die Zeiten, in denen die Schule geöffnet ist, das heißt, sie soll nach vorne verlegt werden - (Telefon klingelt, kurze Pause) - Das wird sich ein bisschen verschieben bei uns, ist nicht schlimm, dann kommt die I. so um drei Uhr dreißig nach Hause, und im Grunde genommen ist immer jemand da, also wir haben das intern so geregelt, also wir haben immer noch eine Tagesmutter im Hintergrund, d. h., wenn überhaupt nichts funktioniert, dann kommt sie hierher, und wir haben auch eine Oma.

S: Ah, interessant.

R: Drei Straßen weiter, und sie kann im Notfall auch noch kommen, und ich habe noch meine Schwester, sie wohnt ja auch in der Straße, wenn alle Stricke reißen, dann geht das auch noch.

S: Und was hat sich durch die Behinderung geändert?

R: Die Behinderung war schon immer da. Ja, man wächst damit rein, und das ist auch unser erstes Kind, sie ist die Erstgeborene, und von daher haben wir keinen Vergleichsmaßstab, wie was jetzt gewesen wäre, also wie das ist, wenn ein Kind nicht behindert ist, ja also, d. h., man kennt das gar nicht anders, das ist einfach so. Sie und der Kleine sind sechs Jahre auseinander, im Grunde genommen ist es auch nichts anderes, nur dass er freier ist, er kann irgendwo alleine hingehen, die Sache ist einfach die, dass es bei Kleinkindern keinen Unterschied gibt im Kindergarten, in der Grundschule, das ändert sich erst mit dem Alter.

S: Wie sehen Sie Ihre Position als Vater in der Familie?

R: Es ist bei mir ja ein bisschen anders, also nicht wie bei anderen Vätern. Ich hab ja so angefangen, ich war Hausmann, also als die I. geboren wurde, war ich zu Hause, ich habe die Kinderbeziehung zum größten Teil gemacht. Auch heute noch, bei uns ist es ziemlich verzahnt, es macht gerade der, der am meisten Zeit hat. Wir machen das im fließenden Wechsel, unsere Arbeitszeiten sind so, dass wir das auch so machen können. Meine Frau ist Ärztin, die Praxis ist hier drüben, d. h., wir sind auch extra, das ist auch ein Grund, warum die Praxis hier in der Nähe ist, man ist in zwei Minuten dort.

S: Sie hatten schon angedeutet, jetzt im Hinblick auf die Erziehung haben Sie freie Hand oder sagt Ihre Frau „Nein, das musst du so und so machen"?

R: Meine Frau ist strenger in der Erziehung, oder beziehungsweise sie ist fordernder, bedingt von ihrer eigenen Erziehung, eigener Sozialisation her, wir sind frei aufgewachsen, nicht bewusst, sondern weil wir viele Kinder waren. Das heißt, wir mussten auf uns selbst aufpassen. Meine Frau ist kleinbürgerlich erzogen worden, behütet geformt worden, um einem bestimmten Ziel gerecht zu werden ... in der Art ist sie aufgewachsen und gibt es an die Kinder weiter, da ist eine Erwartungshaltung und ein bisschen Druck, wie die Kinder mal werden sollen, wobei wir das nicht haben, da sind wir uns einig.

S: Welchen Einfluss hat Ihr Kind auf die Ausübung Ihrer Vaterrolle?

R: Eigentlich keinen, man wächst da so rein, je nach dem, was so kommt, wird man sich entwickeln. Ich glaube nicht, dass wir uns anders verhalten, dass es so mehr Zeit beansprucht, beziehungsweise noch mehr Verantwortung beziehungsweise man macht sich noch mehr Sorgen, woher weiß ich das, ob ich mir nicht mehr Sorgen machen würde, wenn ich auch nur gesunde Kinder hätte? Bei uns ist es so, dass wir es bewusst gemacht haben, dass wir ein zweites Kind bekommen haben, weil man sich da nicht verlieren darf, „Oh ich hab ein behindertes Kind und es füllt mein Leben aus ...", ich darf nicht danach trachten, das ist alles Quatsch, wir versuchen, unser Leben tatsächlich so normal wie möglich zu führen, wir versuchen auch, die Kinder einzubinden, wie es nur geht, gerade die I. Man darf auch nicht denken „Wir sind Eltern eines behinderten Kindes und brauchen eine Sonderrolle." Ganz im Gegenteil, wir versuchen, so normal wie möglich zu leben.

S: Wie haben Sie diese Werte entwickelt oder diese Vorstellung?

R: Ich glaube, wir haben die vorher gehabt, man kann sie nicht entwickeln, das geht nicht, also wir haben nie irgend einen Erziehungsberater oder ein Buch gelesen oder Veranstaltungen besucht zum Thema „Leben mit behinderten Kindern" oder irgend so etwas.

S: Wie alt ist I.?

R: Zwölf.

S: Wie alt ist ihr Bruder?

R: Der ist jetzt sechs.

S: Was bedeutet Ihr behindertes Kind für Ihre Beziehung zu Ihrer Frau?

R: Eigentlich gar nix, wobei es schon so ist, ich muss es ein bisschen relativieren, das ist natürlich ... die Kinder, also eine Bindung schon anders ist, weil sie wird versachlicht, da drüber ich habe schon oft darüber nachgedacht, dass die Beziehung nicht unbedingt aufrecht oder stabiler wird, aber sie hat einen festeren Grund, dadurch dass ein behindertes Kind drinnen ist, dabei ist, also die moralischen Kategorien, also Trennung von Eltern behinderter Kinder intern auch anders bewertet würde als eine Trennung von Eltern, die keine behinderten Kinder haben, denn es wäre egal von welcher Seite, es wäre dann ein Aufgeben, ja. Also würde nicht die Beziehung im Vordergrund stehen, wobei dann die Kinder sowieso ein Problem sind, aber bei behinderten Kindern ist es ein größeres Problem als auch in der Gesellschaft, wird anders bewertet, weil derjenige, der Trennungsgrund wäre, beobachtet das manchmal, der wird fällig, verdammt als etwas, was man nicht macht. Das Interessante ist, wobei ich das auch noch nicht weiß, warum das so ist, dass offensichtlich die Beziehung von Eltern zu ihren behinderten Kindern intensiver ist als zu normalen Kindern, oftmals, aber nicht immer. Entweder gibt es die totale Ablehnung oder Passivität oder diese gesteigerte völlige emotionale Bindung.

S: Was bedeutet für Sie, Vater eines behinderten Kindes zu sein? Was ist positiv? Was ist belastend?

R: Es überhaupt nichts Positives definitiv, dass ist also Quatsch, und sich irgendetwas reinreden, das ist ein Haufen Arbeit, sehr viel Stress, andere Sorgen, noch mehr Sorgen ... es ist eine Einschränkung, aber keine Einschränkung mit der Lebensqualität, das hat auch individuell damit zu tun, also wir fahren ganz normal in Urlaub, das ist kein Problem. Wir machen sehr viel freizeitmäßig, wir lassen uns auf keinen Fall beschränken, aber es ist einfach so, dass man darauf Rücksicht nehmen muss. Es bestimmt einfach den Tagesablauf, und es sind nicht viele Sachen, die sich anders stellen würden, wenn wir ein normales Kind hätten. Wir können die Kinder so verteilen, dass wir einfach mal zwei, drei Tage wegfahren können, aber es hat gar keine Vorteile. Das „Mein Leben wurde bereichert ...", das ist alles Quatsch.

S: Wie viel Zeit verbringen Sie mit Ihren Kindern?

R: Fast den ganzen Tag, außer während meiner Arbeitszeit.

S: Vielleicht können Sie noch mal sagen, was denken andere über Ihre Situation, Verwandte, Nachbarn ...?

R: Sie sind voller Bewunderung, sie sehen es positiv, da gibt es überhaupt keine Probleme. Es ist eher so, dass wir das vielleicht so machen, dass das normal ist. Also unsere Nachbarn freuen sich, wenn sie I. sehen, also ich mach das so, dass ich das in meiner Schule nicht erzähle, sondern nur, wenn ich danach gefragt werde. Ich sage nicht, ich brauche das, weil mein Kind behindert ist, das ist auch gut so, diese Normalität, man geht nicht damit hausieren, ich brauche keine Sonderrolle.

S: Ja, vielleicht können Sie es noch mal sagen, wie haben Sie diese Werte, Einstellung entwickelt?

R: Das ist einfach so, das ist wahrscheinlich von unseren Eltern. Man macht das, was man macht, man ist da, wo man hingestellt wird.

S: Also ich find es spannend.

R: Man muss nicht darauf stolz sein, manchmal denke ich auch, wir sind ganz toll, weil wir machen sehr viel unterschiedliche Sachen, und das läuft einfach immer so mit, und das ist, wo man auch ein bisschen stolz sein kann, und da muss ich nicht irgendwie noch Reklame machen oder irgendetwas erreichen wollen, um mich zu bestätigen. Ich hab ganz andere Sachen, wo ich mich bestätige, das ist auch gut so. Meine Frau und ich haben Hobbys, die machen wir auch, es ist ganz wichtig, zur eigenen Gesundhaltung ...

S: Gibt es Dinge, über die Sie nicht mit Ihrer Frau, Freunden reden können?

R: Nein.

S: Was empfinden Sie, wenn andere auf die Behinderung aufmerksam werden?

R: Man ist schon stigmatisiert, man spürt schon diese Aufmerksamkeit, man wird schon selbst abgetastet. Angenommen, wir gehen Essen, es ist offensichtlich, man muss führen, wir versuchen die Kinder so zu erziehen, dass sie sich in der Öffentlichkeit normal benehmen, gerade bei der I., sie schaut sich viele Dinge in der Schule ab, die gar nicht ihrer eigenen Wesensart entsprechen würden, aber sie guckt sich das einfach ab, das muss man ihr ganz konsequent austreiben.

S: Ja, gibt es Wünsche an die Umwelt?

R: (Lacht ...) Eigentlich nicht, ganz ehrlich, unser Umfeld jetzt hier, das ist also aufgeschlossen, relativ normal, keine Aversionen, keine Ressentiments, von staatlicher Seite sowieso nicht, wir haben alles wunderbar geregelt, keine Probleme mit der Krankenkasse bislang, keine Probleme mit irgendwelchen Versorgungsleistungen, aber es liegt daran, dass es uns sehr gut geht. Wir sind in der Situation, in der Position, dass es leicht albern wirken würde, wenn wir uns über irgendetwas beschweren würden, das ist Quatsch in finanzieller Hinsicht oder in anderer Hinsicht. Wir haben den großen Vorteil, dass wir hier ein eigenes Haus haben, also wir haben überhaupt keine Probleme mit irgendwelchen Räumlichkeiten.

S: Vielleicht noch eine Frage, haben Sie einen Kinderwunsch?

R: Nee, also das ist so, meine Frau sowieso nicht, sie hat' s nicht so mit vielen Kindern, mir wäre es egal, also ich könnte noch Kinder haben, ohne Ende, auch von der Belastung, ich würde es auch machen. Für meine Frau wäre es ein größeres Problem, ich bin in einer großen Familie aufgewachsen.

S: Ja, vielen Dank für das Gespräch.

R: Bitte schön.

S: Vielen, vielen Dank

Interview Nr. 16 mit Herrn G. (Vater)

S: Okay.. Fangen wir an. Welchen Beruf üben Sie aus?

G: Ich bin Geschäftsleiter und Referent des Landgerichts hier in Marburg.

S: Ah, welche Vor- und Nachteile bringt Ihnen der Beruf jetzt im Hinblick auf die Behinderung Ihres Kindes?

G: Also, in meiner Berufslaufbahn hat die Behinderung oder die Pflege für meine behinderte Tochter keinen Einfluss gehabt. Vorteile habe ich insoweit, dass ich dadurch, dass ich im öffentlichen Dienst tätig bin, ja durch die Regularien, die bestehen, und, ja, ich meine, durch verständnisvollere Vorgesetzte als, sage ich mal, in der Privatwirtschaft, ich sehr spontan reagieren kann, wenn im Familienalltag meine Hilfe gebraucht wird.

S: Was hat sich geändert?

G: Jetzt im Berufsalltag durch Behinderung?

S: Ja genau.

G: Nein, es war mein Bestreben. Also von der Historie würde ich erläutern, ich bin von der Ausbildung her Diplom-Rechtspfleger und Landesbeamter, und wir werden im Grunde hier in Hessen an verschiedenen Gerichten eingesetzt. Ich war zu der Zeit, als A. geboren wurde, Rechtspfleger in Frankenberg/Eder, das ist ungefähr 45 Kilometer von Marburg entfernt. Hab dann bei den damaligen Referenten des Landgerichtes vorgesprochen und versucht, möglichst schnell eine Versetzung nach Marburg zu bekommen. Und aufgrund der Behinderung ist mir damals gelungen, möglichst schnell eine Stelle in Marburg zu bekommen, um halt auch, wie gesagt, um schneller und flexibler reagieren zu können, wenn meine Hilfe benötigt wurde.

S: Spannend. Ja, ah. Als nächste Frage: Wie sehen Sie Ihre Position als Vater in Ihrer Familie?

G: Noch mal auch zu der Rollenbeziehung: Aufgrund der Behinderung unserer Tochter hat meine Frau jegliche Berufstätigkeit aufgegeben, also meine Rolle ist letztendlich zwiegespalten, ich bin verantwortlich, durch meine Berufstätigkeit für das Familieneinkommen zu sorgen, und bin natürlich auch für die Dauer der Arbeitszeit nicht für die Familie verfügbar, versuche aber, zu den übrigen Zeiten präsent zu sein, und versuche dann auch, im gleichen Maße wie meine Frau am Familienalltag teilzuhaben, mitzuhelfen und auch alle Entscheidungen, die zu treffen sind, gemeinsam mit meiner Frau zu treffen. Ich hab das so gehandhabt schon die ganzen Jahre, dass ich meine Arbeitszeiten versucht habe so zu legen, dass ich möglichst früh mit meinem Arbeitsalltag beginne, und dann ja circa zu dem Zeitpunkt, wenn A. aus der Schule wiederkommt, also jetzt noch Schule, künftig dann Lebenshilfe, dann auch schon zuhause bin, und dass wir die Nachmittagsgestaltung zuhause gemeinsam bewältigen können.

S: Hat A. Geschwister?

G: Sie hat einen Bruder, der 21 ist. A. ist jetzt 19.

S: Ja, was bedeutet für Sie, ein behindertes Kind zu haben?

G: Können Sie die Frage spezifizieren?

S: Ja, oder Moment, sorry: Was hat sich durch die Behinderung Ihres Kindes in der Beziehung zu Ihrer Frau geändert?

G: Die Frage ist ein bisschen spekulativ, weil ich nicht absehen kann, wie sich unsere Beziehung entwickelt hätte, wenn wir nicht ein behindertes Kind gehabt hätten. Ich denke, als Partner ist man gezwungen, intensiv miteinander zu versuchen, die emotionalen Höhen und Tiefen gemeinsam zu bewältigen, gemeinsam Probleme zu lösen, und es hat bei uns dazu geführt nach meiner Einschätzung, dass unsere Beziehung dadurch gestärkt wurde. Ich bin glücklich darüber. Es hätte genauso dazu führen können, dass die Beziehung geschwächt wird, weil ein Partner emotional die Situation mit einem behinderten Kind nicht aushält. Das ist uns zum Glück gelungen mit allen Schwierigkeiten, die man in 19 Jahren Leben mit einem behinderten Kind bewältigen muss.

S: Wie denken andere über Ihre Situation, Nachbarn, Freunde, Familie?

G: Unterschiedlich. Die Familie, oder anders angefangen: Wir sind in Marburg lebend auf uns alleine gestellt in der Problembewältigung, auch in der Bewältigung unserer Lebenssituation. Wir haben also nur in geringem Maße Hilfe durch Eltern oder Geschwister erfahren. Bei den Eltern, also unseren Eltern, habe ich ab und zu das Gefühl, dass so die Frage und die Probleme, die Behinderung ausgeblendet werden. Wie gesagt, ist alles nur spekulativ. Ich unterstelle mal, dass unsere Eltern nicht bereit sind, sich mit der Frage, was es bedeutet, ein behindertes Kind zu haben, auseinandersetzen wollen. Ähnlich schätze ich es bei unseren Geschwistern ein, da kommt nur selten ja eine Reaktion, die zeigt, dass da ein Bewusstsein entsteht, wie schwierig es mit einem behinderten Kind ist zu leben. Das wird in den Freundeskreisen eher viel stärker toleriert, dass aus ja Überraschungen besteht, wie gut man das Leben organisieren kann, wobei ich glaube, dass niemand, der selbst kein behindertes Kind hat, nachvollziehen kann, was es tatsächlich bedeutet.

S: Ja, wie gehen Sie damit um, dass Ihre Eltern oder Familie sich da rausziehen oder wenig präsent sind?

G: Ich kann es nur hinnehmen. Es freut mich nicht, ich würde mich mehr darüber freuen, wenn also ja viel unmittelbarer Auseinandersetzung spürbar stattfindet. Letztendlich bleibt es dabei, was ich vorhin erwähnt habe in der Problembewältigung, wie das Umfeld damit umgeht, das verarbeite ich mit meiner Frau, gelegentlich mit Freunden, die sehr viel Verständnis haben. Aber das ist ein relativ kleiner Kreis, wenn man das tatsächlich besprechen kann, die bereit sind, über emotionale Tiefen zu sprechen, dazu in der Lage sind. Das fällt vielen Menschen schwer.

S: Ja, sehr sehr schwer, das stimmt.

S: Ja, haben Sie einen Kinderwunsch?

G: Nein, nicht mehr nach A.s Geburt oder ... Die Feststellung, dass A. behindert ist, wurde getroffen, da war A. acht Monate alt. Wir hätten uns durchaus vorstellen können, ein weiteres Kind oder weitere Kinder zu haben, aber ich persönlich habe starke Angst, ein behindertes Kind zu bekommen. Und das war dann unser Ergebnis des Lebens, beschlossen kein Kind mehr zu haben nach A.s Geburt.

S: Noch mal: Was würden Sie sich wünschen von den Nachbarn, von Ihrer Familie? Können Sie kurz erläutern: Brauchen Sie mehr Unterstützung oder mehr Verständnis?

G: Vielleicht keine Unterstützung, aber offene Gespräche darüber, das ist der allgemeine Umgang, das ist nicht überall so. Gerade Marburg ist eine Stadt, die offen mit behinderten Menschen umgeht, aber in anderen Bereichen fühlt man sich stigmatisiert, weil man als Exot betrachtet wird. Und es würde helfen, sich nicht exotisch zu fühlen, wenn darüber offener gesprochen würde. A. wird in der Familie akzeptiert, das ist keine Frage, aber es kommt nicht zur Sprache, was mit ihrer Behinderung zusammenhängt und was da an Aufgaben zusammenhängt.

S: Was empfinden Sie dabei, wenn Sie ...

G: Ich habe gesagt, ich freue mich nicht darüber. Ich kann es nicht ändern, ich muss es hinnehmen, vielleicht. Auch mit Enttäuschungen lebe ich seit einigen Jahren genauso wie meine Frau. Was wir wünschen: dass mehr Resonanz kommt. Aber ich habe ein Stück weit Verständnis, weil ich weiß, wie schwierig es ist, sich schmerzhaft damit auseinandersetzen zu müssen, wenn man ein behindertes Kind oder einen behinderten Enkel hat. Ein Beispiel: Wir haben vor drei Jahren eine lange Krankenhausphase mit A. durchmachen müssen. Sie war zehn Wochen in der Klinik, hat zwei schwere Operationen hinter sich bringen müssen, und die Familie hat es nur selten geschafft, uns zu besuchen. Das ist schmerzhaft.

S: Das ist sehr, sehr traurig und schmerzhaft.

S: Also, wenn Sie jemand auf die Behinderung Ihres Kindes ansprechen würde, wären Sie bereit, ihm Informationen zu geben, zu erklären, was es mit der Behinderung auf sich hat?

G: Ja, hätte ich kein Problem damit. Also das ist jetzt auch über die Jahre ganz anders geworden als als junger Vater, junge Mutter zu erfahren, dass man ein behindertes Kind hat. Das ist kaum vorstellbar: Sie gehen in die Klinik kurz vor Weihnachten, die Ärzte untersuchen Sie, die Vermutung wird schon sein, gar nichts Eklatantes feststellbar. Und letzte Untersuchung ein EEG, dass die Hälfte des Gehirns geschädigt ist und der Arzt Sie beide zur Seite nimmt: „Es tut mir leid, Sie haben ein behindertes Kind.“ Und das war eine Situation, das wahrzunehmen, das zu verarbeiten! Und wir haben auch lange gebraucht. Inzwischen sind 19 Jahre vorbei, wir können leicht darüber reden. Nur die Schmerzen, Frustration, die diese Entwicklung mit sich bringt. Aber auch genauso wie die Freuden mit einem behinderten Kind. Aber wie die Leute es sehen, dass wir ein behindertes Kind haben, bereitet mir keine Probleme.

S: Okay, vielen Dank! Das war's, was ich an Fragen hatte.

G: Gerne.

S: Vielen Dank!

Anhang 2

Der Interviewleitfaden

Fragen an die Väter

Der Vater zwischen der Berufs- und der Eltern-Rolle

- Welchen Beruf üben Sie aus?
- Welche Vor- und Nachteile bringt Ihnen der Beruf im Hinblick auf die Behinderung Ihres Kindes?
- Was hat sich durch die Behinderung Ihres Kindes geändert?

Die Vater-Rolle

- Wie sehen Sie Ihre Position als Vater in Ihrer Familie?
- Welche Einstellung hat Ihre Frau zu Ihrem Umgang mit Ihrem Kind?
- Welchen Einfluss hat Ihre Frau auf die Ausübung Ihrer Vater-Rolle?
- Welchen Einfluss hat Ihr Kind auf die Ausübung Ihrer Vater-Rolle?
- Hat Ihr Kind Geschwister?
- Wie alt ist Ihr Kind?

Der Vater in der Partnerschaft

- Was bedeutet Ihr behindertes Kind für Ihre Beziehung zu Ihrer Frau?
- Inwiefern hat sich Ihre Beziehung durch die Behinderung verändert?

Das Selbstbewusstsein des Vaters

- Was bedeutet es für Sie, Vater eines behinderten Kindes zu sein?
- Was ist für Sie positiv?
- Was belastet Sie am stärksten?
- Wie viel Zeit verbringen Sie mit Ihrem behinderten und nicht behinderten Kind?
- Wofür verbringen Sie Zeit mit ihnen?
- Wie denken andere über Ihre Situation?
- Welche Gefühle können Sie nicht zeigen?
- Was macht es Ihnen schwer, über Ihre Probleme zu reden?
- Wie werden Sie mit Ihren Gefühlsproblemen am besten fertig?
- Haben Sie einen Kinderwunsch?
- Warum haben Sie einen Kinderwunsch?

Der Vater und die Umwelt

- Was empfinden Sie, wenn andere auf die Behinderung aufmerksam werden?
- Wie reagieren Sie, wenn Sie jemand auf die Behinderung anspricht?
- Was wünschen Sie sich von ihrem sozialen Umfeld?
- Was haben Sie davon?

Fragen an die pädagogischen Mitarbeiter

Die Ausbildung/Qualifikation

- Was für eine Ausbildung haben Sie absolviert?
- In welcher Art und Weise haben Sie mit geistig behinderten Kinder zu tun?
- Nehmen Sie regelmäßig an Fortbildungen teil?

Die Konfrontation mit der Behinderung

- Was geht Ihnen durch den Kopf, wenn Sie Menschen mit einer geistigen Behinderung auf der Straße sehen?
- Was halten Sie von pränataler Diagnostik?

Die Väter

- Wie wichtig ist der Kontakt zu den Vätern für die Zusammenarbeit mit den Familien?
- Wie ließe sich die Zusammenarbeit mit Familien gestalten, wenn Väter ihren erzieherischen Pflichten nachgehen würden?
- Welche Aufgaben haben Väter?
- Was sollten Väter anders machen?
- Entziehen sich Väter ihrer erzieherischen Verantwortung?
- Woran liegt das Ihrer Ansicht nach?
- Wie gehen Sie damit um?
- Was unternehmen Sie, um Väter in die Zusammenarbeit besser zu integrieren?

Zeitfracht Medien GmbH
Ferdinand-Jühlke-Straße 7
99095 Erfurt, Deutschland
produktsicherheit@kolibri360.de